Giles Calver

O QUE É DESIGN DE EMBALAGENS?

> Só vemos aquilo que olhamos.
> Olhar é um ato de escolha.
> John Berger

Tradução:
Edson Furmankiewicz

Revisão técnica:
Ana Maldonado
Designer e professora da Faculdade de Design da ESPM-RS
Mestranda em Realidade Virtual na COPPE – Universidade Federal do Rio de Janeiro

2009

Obra originalmente publicada sob o título
What is Packaging Design?

ISBN 978-2-940361-88-5

Copyright © RotoVision SA 2007

Capa: *Rogério Grilho*

Preparação de original: *Mariana Belloli Cunha*

Leitura final: *Mônica Stefani*

Supervisão editorial: *Elisa Viali*

Editoração eletrônica: *Techbooks*

C167o   Calver, Giles.
            O que é design de embalagens? / Giles Calver ; tradução Edson Furmankiewicz. – Porto Alegre : Bookman, 2009.
            256 p. : il. color. ; 22 cm.

            ISBN 978-85-7780-368-2

            1. Desenho industrial – Embalagens. 2. Design de embalagens. I. Título.

            CDU 658.512.2

Catalogação na publicação: Renata de Souza Borges CRB-10/Prov-021/08

Reservados todos os direitos de publicação, em língua portuguesa, à
ARTMED® EDITORA S.A.
(BOOKMAN® COMPANHIA EDITORA é uma divisão da ARTMED® EDITORA S. A.)
Av. Jerônimo de Ornelas, 670 – Santana
90040-340 – Porto Alegre RS
Fone: (51) 3027-7000   Fax: (51) 3027-7070

É proibida a duplicação ou reprodução deste volume, no todo ou em parte, sob quaisquer formas ou por quaisquer meios (eletrônico, mecânico, gravação, fotocópia, distribuição na Web e outros), sem permissão expressa da Editora.

SÃO PAULO
Av. Angélica, 1.091 – Higienópolis
01227-100 – São Paulo – SP
Fone: (11) 3665-1100   Fax: (11) 3667-1333

SAC 0800 703-3444

IMPRESSO NA CHINA
PRINTED IN CHINA

A solução da natureza
A galinha veio primeiro com a última palavra em design eficiente de embalagens.

Questões

06 A função da embalagem

10 Uma perspectiva histórica

14 Considerações de marketing
16 A embalagem no mix de marketing
20 Local *versus* global
26 Medindo o sucesso do design de embalagens

30 O ambiente varejista
32 Marca proprietária *versus* marca própria
38 Velocidade de seleção
40 Auto-serviço e auto-serviço assistido

42 Dinâmica da embalagem
44 Manifestação da marca
46 Diferenciação do produto
50 Linhas de produtos e produtos únicos
54 Comportamento do setor
58 Posicionamento no mercado

62 Considerações ambientais

70 Legislação

Anatomia

68 Anatomia

70 Design estrutural
72 Caixas de papel-cartão
76 Garrafas
80 Bisnagas
84 Latas
88 Tubos e potes
92 Multipacks
96 Embalagens clamshell e blister
100 CDs
104 Embalagens para presentes
108 Formatos inovadores
112 Materiais

116 Elementos gráficos
118 Branding
122 Tipografia
126 Layout e hierarquia de informações
130 Rótulo traseiro
138 Linguagem
136 Fotografia
142 Ilustração
146 Cor
150 Símbolos e ícones
154 Acabamentos e efeitos
158 Pesos, medidas e códigos de barra

Portfólios

160 Portfólios

162 Arnell Group
170 Curiosity
178 Doyle Partners
186 Duffy Worldwide
194 Lewis Moberly
202 Lippa Pearce
210 Michael Nash Associates
218 Pentagram
226 Shiseido
234 Slover [AND] Company
242 Turner Duckworth

Etcetera

250 Os melhores livros
252 Glossário
254 Índice
256 Créditos

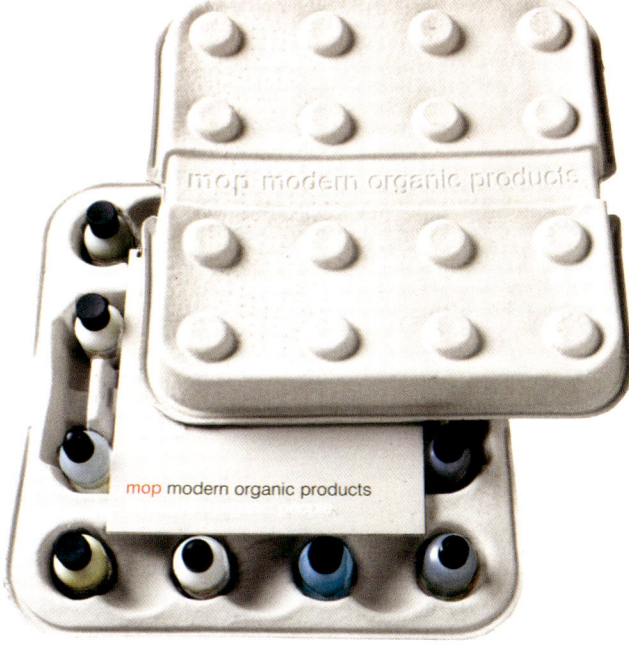

Ovos como inspiração
A utilização de uma "caixa de ovos" como embalagem é tanto um uso interessante do material como um modo de manter as raízes "orgânicas" da marca. Design de Liska and Associates.

A função da embalagem

O processo de embalagem surgiu no século XIX à medida que novas tecnologias possibilitaram que os produtos de fabricantes e agricultores fossem enviados às lojas em formatos pré-embalados. Pela primeira vez, essas tecnologias permitiram que produtos agrícolas fossem transportados, assim que colhidos, até o local de venda. Isso também significava que os fabricantes podiam embalar os produtos de um modo atraente para os comerciantes vendê-los.

Funções utilitárias da embalagem

A função inicial da embalagem era essencialmente utilitária. Ela ajudava na distribuição eficiente de mercadorias e tornava a apresentação dos produtos mais atraente. Até hoje, essas funções básicas desempenham um papel importante na forma e função da embalagem. Os produtos tornaram-se mais sofisticados, mas a exigência básica continua a ser protegê-los. A distribuição é atualmente um processo complexo, mas os produtos ainda precisam sobreviver ao transporte para que cheguem intactos à prateleira.

A exposição do produto é tão importante hoje quanto era em 1895, quando Jack Daniel lançou sua garrafa de uísque quadrada.

Lugar da embalagem no mix de marketing

Como Robert Opie aponta em *Packaging Source Book* (1991): "As funções básicas da embalagem selada – proteger o produto, aprimorar a aparência e facilitar a distribuição – foram rapidamente associadas a outras, talvez mais sutis, mas cujo impacto foi igualmente importante". Ele prossegue descrevendo o efeito que a aparência da "embalagem de um fabricante" (com sua definição implícita de qualidade e quantidade) tinha sobre o varejo. Isso, conseqüentemente, levou ao desaparecimento do comerciante-fornecedor e à emergência do comércio varejista baseado no auto-serviço.

Vencendo a concorrência
Em 1895, um vendedor da Alton Glass Company mostrou a Jack Daniel este design exclusivo, ainda não testado, de garrafa. Como seu uísque envelhecido em carvão vegetal era diferente, ele decidiu que a sua garrafa também deveria ser diferente das garrafas redondas predominantes na época.

Opie poderia muito bem estar se referindo às outras novas funções que as embalagens desempenharam ao longo dos últimos anos à medida que o marketing tornou-se mais sofisticado. Um dos mais importantes desses novos papéis está relacionado ao lugar da embalagem no mix de marketing. Os profissionais de marketing agora têm um amplo espectro de mídias a explorar. A função da embalagem deve incorporar essa regra. Como Paul Southgate observa em *Total Branding by Design* (1996), foi James Pilditch que primeiro reconheceu a importância da embalagem como uma ferramenta de marketing em *The Silent Salesman* (1973).

Ferramenta de vendas e manifestação de marca

Embora a importância da embalagem aparentemente ainda dependa de um interesse pessoal em relação a uma disciplina de marketing específica, hoje se reconhece que ela não é mais um recurso funcional passivo, mas uma ferramenta de vendas ativa cuja presença pode ser sentida por uma multidão e utilizada para vender um produto no ponto-de-venda. Além disso, com a importância do branding, a embalagem é, muitas vezes, a incorporação viva dos valores e da personalidade de uma marca. Tempo e esforço são investidos na definição desses atributos e características, na compreensão de como os consumidores percebem isso e na manipulação do design de embalagens para comunicá-los. O design desempenha um papel fundamental para assegurar que a percepção dos consumidores da marca esteja espelhada na embalagem. Quando compram um produto, os consumidores compram também uma marca. Eles podem comprar apenas um creme facial, mas sua escolha é afetada pela percepção que têm da marca e pela promessa inerente dela.

Diferenciação do produto

A embalagem sempre desempenhou um papel na diferenciação entre o produto de um fabricante e o de outro. Suas primeiras manifestações – rótulos – foram criadas exatamente para isso. Atualmente, o processo de diferenciação tornou-se mais sofisticado. Embora antigamente elementos gráficos tivessem um papel crucial na distinção entre produtos, a embalagem estrutural agora desempenha um papel essencial na diferenciação de uma marca. Às vezes, esse processo é alcançado com a forma – a clássica garrafa da Coca-Cola é um exemplo óbvio –, mas outras vezes ele é alcançado pelas cores, acabamentos ou materiais. As garrafas Perrier têm uma cor verde tão diferenciada que, no setor de água mineral, essa cor "pertence" a esse fabricante. Em alguns setores, como o de cosméticos e fragrâncias, a sensação tátil de uma parte específica da embalagem transmite aspirações de um estilo de vida em um nível subliminar.

Estilo de vida e padrões comportamentais

A função da embalagem também foi estendida em resposta aos estilos de vida em transformação dos consumidores. Por exemplo, hoje a vida das pessoas é mais móvel e para esse estilo de vida foi desenvolvido um tipo de embalagem.

Em termos simplistas, isso levou ao desenvolvimento de variantes de produtos que se ajustam a essa mobilidade, bem como à criação de embalagens especificamente destinadas a caber em bolsas femininas, maletas, mochilas etc. As pessoas também têm uma ampla variedade de interesses e, em áreas como esportes, demandam produtos que não apenas dêem suporte ao desempenho delas, mas também ao desempenho associado à atividade empreendida. Bebidas para esportistas, como Lucozade e Gatorade, embaladas em pequenos envelopes metálicos com bocal, são uma boa ilustração disso: fácil de transportar e utilizar, a embalagem é perfeita para esportistas. Como Southgate diz: "Toda a embalagem sintetiza os valores relevantes da marca (energia, dinamismo, jovialidade). Toda a embalagem é a identidade da marca."

Além do funcional

Por muitos anos, certos tipos de embalagem tiveram um papel além do apenas funcional. A embalagem tornou-se algo com valor próprio, algo a ser exibido porque tem certo toque de classe. O exemplo mais óbvio disso é a embalagem de perfumes em que a exposição de um grande nome é quase obrigatória. Nos últimos anos, o "display" de embalagens tornou-se parte de certos tipos de briefing de design como resposta ao poder absoluto das marcas e do status concomitante que elas transmitem ao consumidor. A embalagem adquire uma importância desproporcional em relação ao próprio produto. Mesmo em setores como o de produtos cosméticos masculinos, é importante entender o papel que as marcas desempenham como um identificador de status. Jovens, por exemplo, têm a necessidade de sentirem-se confortáveis quando utilizam desodorantes em locais públicos, como vestiários – como a embalagem é a marca, ela tem um papel importantíssimo no posicionamento correto da marca.

O valor do design da embalagem também aumentou como resultado do orgulho que os consumidores têm de sua casa. Em setores como o de produtos de banho, eles querem mercadorias embaladas de maneira atraente, que possam ser mostradas ao lado de itens decorativos nas suas prateleiras. Não é mais suficiente que um produto seja simplesmente acondicionado em um frasco com rótulos informando os benefícios e a fragrância – ele agora precisa ser agradável esteticamente para que possa satisfazer o gosto dos consumidores que, por sua vez, é influenciado por revistas, programas de televisão e "gurus do design".

Em resumo, a embalagem desempenha diversas funções: desde uma embalagem puramente funcional até a excelência no design de marcas, e desde uma simples embalagem para distribuição eficiente até uma sofisticada embalagem que permite a diferenciação do produto e da marca. A diversidade absoluta desses papéis funciona como o determinante de uma solução de design e como um catalisador para o desenvolvimento de novas idéias.

Associações com uma marca
Consumidores que compram os produtos Philip B, em lojas como Nieman Marcus, Bergdorf Goodman e Barneys, não estão comprando apenas um produto para cabelos, mas também o status associado ao nome Philip B, "um guru internacional dos cuidados com os cabelos", cabeleireiro das estrelas e figura constante em revistas como *Vogue* e *Elle*. Design de Adams Morioka.

Uma perspectiva histórica

O desenvolvimento da embalagem foi afetado ao longo dos séculos por avanços nas áreas de tecnologia e transportes e por mudanças sociais. Da mesma maneira como o progresso e as mudanças tiveram um impacto em todos os aspectos das nossas vidas, isso também influenciou o modo como as embalagens são utilizadas. Tecnologias de ponta desenvolvidas para transportar alimentos no espaço agora aparecem nas lojas em nossa vizinhança. Tecnologias de impressão cada vez mais sofisticadas tornam o que era inviável há dez anos, como impressão em meios-tons em certos suportes plásticos, algo comum.

O velho e o novo

O *Packaging Source Book* de Opie ilustra como a embalagem, e seu design, evoluíram ao longo dos anos. Depois de visitar o museu de embalagens de Opie (hoje fechado) em Gloucester, Reino Unido, fiquei impressionado com a maneira como a progressão histórica da exposição a partir do início de 1800 até a data atual acentuou a consistência de alguns formatos de embalagem e destacou a aparência, em todas as décadas, dos novos formatos e maneiras de distribuir produtos.

O interessante sobre esse fenômeno é que a introdução de novos formatos e designs de embalagens é orientada por fabricantes que criam novos produtos; por tecnólogos e fabricantes de embalagens que descobrem novas soluções para as necessidades de seus clientes; por gerentes de marcas guiados pelos imperativos de mercado como perfil e diferenciação de marca; e por designers que buscam responder aos briefings dos seus clientes empregando, para utilizar as palavras do mestre do pensamento criativo Edward do Bono, o pensamento "lateral" e o "vertical". Cada "propulsor" é estimulado por um desejo diferente. Por exemplo, a tecnologia da embalagem Tetrapak originou-se do desejo de criar uma embalagem de leite que exigisse o mínimo de material e o máximo de higiene.

A influência da época

Qualquer revisão do design de embalagens também revela a influência dos fatores artísticos, culturais e de estilos de vida. *Shelf Space: Modern Package Design, 1945-1965* (1998), de Jerry Jankowski, ilustra graficamente a influência de elementos como as artes, os filmes e os estilos no design de embalagens. Os designs criados para a fragrância *Shocking* por Elsa Schiaparelli, ou *Le Roi Soleil* por Salvado Dali, por exemplo, refletem o inebriante espírito dos anos 50.

Os designers são como esponjas que absorvem diferentes influências, consciente ou inconscientemente, que se manifestam nas suas soluções de design. Os bons designers sabem como manipular essas influências para transcender meros modismos e soluções cosméticas, criando designs que refletem o *zeitgeist*, ou espírito da época, e que são relevantes e significativos aos consumidores.

Progresso e mudança
Em 1897, a Shiseido lançou seu primeiro produto cosmético. A loção Eudermine (imagem da esquerda), que em grego significa "pele boa", representava a última tecnologia farmacêutica da época e o desejo da empresa de criar "cosméticos que alimentam uma pele saudável e bonita". Sua embalagem é bem típica do estilo da época. Em 1997, a embalagem do Eudermine foi modificada radicalmente (direita), com o novo design refletindo os gostos e as influências do design do final do século XX.

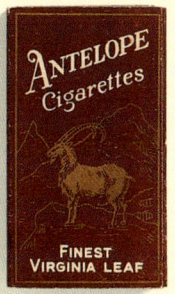

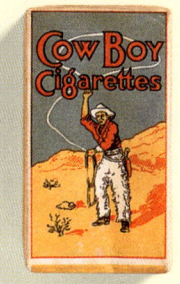

A história dos fumantes
Estes maços de cigarros são quase um instantâneo histórico de uma era passada. Nomes, tipografia e imagens falam de uma época nos anos 30 em que as influências culturais, políticas e sociais eram bem diferentes das atuais.

Considerações de marketing

Embora o magnata de mídia Rupert Murdoch seja famoso por banir o uso da palavra "marketing" dos seus jornais, a maioria dos proprietários de marcas e produtos considera o marketing um elemento essencial para promover produtos e incentivar a consciência e o ato de compra dos consumidores. O marketing é uma combinação de diversos elementos, cada um explorado de diferentes modos com base no tipo de produto, sua idade, seu mercado, seus níveis de preço e seu mercado-alvo.

O design de embalagens é apenas um dos elementos no processo de marketing. Promovido (obviamente) por aqueles que o praticam, seu valor é expresso em diferentes graus pelas pessoas que "possuem" o marketing: diretores e gerentes de marketing, proprietários e gerentes de marcas. Na minha experiência com clientes, o design de embalagens é considerado ou uma parte vital de todo o programa de marketing, ou algo que recebe um pequeno orçamento em comparação a campanhas publicitárias ou promoções de vendas.

A seção *Anatomia* (página 68) explora por que o design de embalagens deve ser considerado um componente poderoso e inestimável do mix de marketing – acima de tudo, porque ele é comercialmente eficaz quando praticado apropriadamente – e examina a questão da globalização, um importante fator na vida de muitos proprietários de marca.

O mix de marketing
Lugar da embalagem no mix de marketing de um produto

A embalagem no mix de marketing

De forma simples, o mix de marketing é uma expressão abreviada, adorada pelos profissionais de marketing, que descreve todos os diferentes tipos de mídia disponíveis para promover um produto. Ela abrange campanhas publicitárias, promoção de vendas, pontos-de-venda, relações públicas, marketing direto (como mala-direta e cupons agregados à publicidade) e design.

Nos últimos tempos, ele passou a incluir novos tipos de mídias, como anúncios online e marketing viral. *Flyposters* (espécie de publicidade não-autorizada em locais públicos) aparecem da noite para o dia, normalmente com um teaser, recobrindo paredes, bancos de praças, e causando a ira das autoridades municipais e a irritação dos responsáveis por serviços públicos. Além disso, mudanças na legislação da publicidade têm forçado certas empresas, como fabricantes de cigarros, a reorientar seus gastos em mídia, como marketing direto, a fim de que possam alcançar seu público-alvo.

Em um mundo ideal, um profissional de marketing tem orçamentos generosos e pode criar uma estratégia de marketing e um plano de mídia que explorem integralmente cada tipo de mídia. Campanhas publicitárias e de relações públicas são empreendidas para informar o consumidor; estratégias de promoção de vendas são realizadas para estimular o consumidor a experimentar um novo produto ou para reagir a uma política de preços agressiva por parte de um concorrente; atividades no ponto-de-venda são feitas para alertar os consumidores sobre a presença de um produto na loja e divulgar um produto ou oferecer informações detalhadas; e o design de embalagens é realizado para vender o produto no ponto-de-venda.

O mundo raramente é ideal e, freqüentemente, os orçamentos são mais apertados que generosos, levando os profissionais de marketing a cortar custos na mesma proporção. Cada

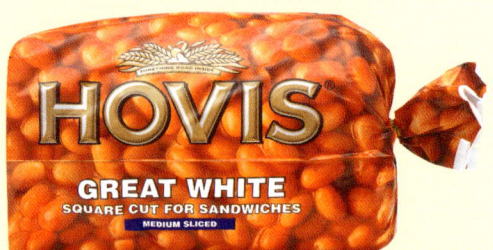

Pão Hovis
Dois elementos do mix de marketing que deram suporte ao relançamento do pão Hovis (2001): a embalagem premiada, desenhada por Williams Murray Hamm, e o flyposter da campanha em locais públicos.

A embalagem no mix de marketing 17

investimento feito é examinado atentamente para garantir que a mídia selecionada alcance seu objetivo. O design de embalagens ganha importância por várias razões: a maneira como o design funciona é suficiente para alcançar máxima visibilidade no ponto-de-venda? A proposta da marca está sendo adequadamente comunicada? A marca é corretamente diferenciada dos seus concorrentes?

A julgar por isso, o design de embalagens deve ser uma mídia com boa relação custo-benefício. Considere uma marca de produtos para cabelos. Hoje, é muito provável que ela seja vendida em redes de supermercados, farmácias e revendedores independentes – resultando em diversas "frentes", ou *facings*, do produto (espaço ocupado por um produto na prateleira). Cada uma dessas frentes cria um "vendedor silencioso" que trabalha na promoção do produto.

No passado, quando o mercado varejista parecia muito mais simples, as marcas ainda não haviam alcançado sua proeminência e os supermercados não tinham muita força em relação ao mercado, a distribuição era uma simples questão de obter o produto de uma empresa e negociar os termos corretos. Hoje, a competição por posição e espaço nas prateleiras é enorme. A posição do produto na loja é fundamental, e os varejistas sofisticaram os métodos para identificar pontos de venda primários, secundários e terciários. Toda colocação de um produto nas prateleiras gira em torno de fazer com que ele conquiste o melhor posicionamento nas principais gôndolas. Os varejistas cobram por posições promocionais, como a "ponta de gôndola". Eles também cobram para que uma linha de produtos seja inteiramente reservada para determinado fornecedor, sem referências a produtos concorrentes.

Não se pode dizer, portanto, que a embalagem, como um elemento do mix de marketing, seja totalmente livre por conta desses custos de "posicionamento". Em termos de "oportunidades visuais" (um termo adorado pelas agências de publicidade) e de influências, porém, a embalagem é muito importante, um ponto extensamente provado na seção sobre a eficácia do design (ver página 26). Infelizmente, isso nem sempre se traduz em orçamentos de design que dão a devida importância à embalagem e às habilidades dos designers de embalagens. Junto-me a todos os outros designers que se queixam da pobreza dos investimentos orçamentários no design em comparação com, digamos, o orçamento publicitário.

Deixando de lado as queixas quanto aos orçamentos, bons designers usam todo o seu conhecimento sobre mix de marketing ao criar soluções para embalagens. Às vezes, isso envolve desafiar um aspecto do briefing e perguntar se a tarefa em mãos não é melhor realizada por outro tipo de mídia. E às vezes, o resultado disso é uma solução de design que dá à marca um recurso de design que pode funcionar em diferentes mídias, de modo holístico. Entender como uma campanha publicitária ou de relações públicas influencia a percepção de um produto também ajuda o designer a compreender os diferentes níveis de impacto que ele terá de alcançar para que o produto seja melhor posicionado nas lojas.

Estendendo a marca
Dois outros exemplos da campanha de relançamento do pão Hovis, ambos inspirados em um elemento básico do design de suas embalagens – o uso de imagens de tradicionais acompanhamentos para pães na Inglaterra, como feijão cozido em molho de tomate e pepinos. Design de Williams Murray Hamm.

Local *versus* global

Constantemente ouvimos que vivemos em uma "aldeia global", para empregar o termo do filósofo Marshall McLuhan. Hoje, as distâncias geográficas nada significam. A comunicação com qualquer parte do globo é tão simples quanto discar um número de telefone ou enviar um email. Diferentes mídias que transmitem entretenimento e notícias trazem o mundo todo para dentro de nossas casas. Consumidores têm acesso a produtos de países do outro lado do mundo. Marcas como a Levi's, antes restritas a um mercado, agora são onipresentes, e os profissionais de marketing medem o sucesso dos seus produtos de acordo com a penetração no mercado internacional, e não apenas no mercado local.

O aparente foco incansável na globalização das marcas, produtos e mercados não está livre de críticas. Toda vez que as grandes nações industriais, como os EUA e o Japão, participam de uma reunião do G8, manifestantes vão às ruas em passeatas por vezes violentas. Em 2000, Naomi Klein publicou uma denúncia incisiva contra a globalização, o livro *No Logo*, em que ela afirma: "Cada vez mais, nos últimos quatro anos, nós, no Ocidente, temos vislumbrado outro tipo de aldeia global, onde as diferenças econômicas estão aumentando e as opções culturais diminuindo.(...) Esta é uma aldeia em que algumas multinacionais, longe de alavancar o campo global com empregos e tecnologia para todos, está explorando o mais pobre país do planeta em troca de lucros inimagináveis." Marcas como a Nike foram maciçamente criticadas por explorar a mão-de-obra em países subdesenvolvidos para conseguir manter margens de produção e participação no mercado.

Além disso, alguns países persistem em manter uma identidade nacional fortemente arraigada a costumes e gostos locais. Eles resistem à homogeneização dos seus mundos individuais e vêem com ceticismo marcas e produtos que recomendam uma "visão global".

Na maioria das vezes, é difícil compreender as questões que cercam a abordagem entre mercados globais e locais. Certos países, ou continentes, reagem de uma maneira diferente a cores, estilos e conteúdo das imagens e palavras. Um cliente francês me disse que a Toyota precisou renomear o MR2 para o mercado francês porque o a pronúncia de MR Deux soava como "merde", uma descrição não muito lisonjeira para um carro. No Japão, não houve problema algum com o lançamento de uma bebida isotônica chamada Pocari Sweat – pronuncia-se "Pokar Suetto" – porque *sweat* (suor em inglês) não tem conotação negativa para os japoneses. Além disso, certos fatores, como eventos globais, podem prejudicar a adoção de uma marca pelos consumidores se o país for considerado imperialista. Nada é simples no nosso mundo global.

Direita, em cima:
Biscoitos do amor
Estes biscoitos da Bauducco foram produzidos para o mercado brasileiro. Com nomes como *Sabor de Estrela*, *Gotas de Amor* e *Gosto de Sol*, os designs são coloridos e exuberantes. As formas dos próprios biscoitos visam a capturar sentimentos como amor, carinho, paixão, alegria e energia. Design de a10.

Direita, embaixo: Multicultural
Esta embalagem não causaria estranheza em uma loja européia ou norte-americana. Sua única identificação com o mercado local é o nome da marca em chinês. Isso talvez porque a marca baseia-se na percepção positiva dos consumidores locais em relação aos produtos ocidentais no setor de produtos dietéticos. Design de Duffy Singapore.

Local *versus* global

Definindo marcas globais

Malcolm Baker e Greet Sterenberg, em um artigo intitulado *International Branding: Resolving the Global-Local Dilemma*, publicado no periódico britânico *Market Leader* (2002), oferecem algumas idéias valiosas para toda essa área. Eles afirmam que a necessidade de "localização" (adaptação à cultura local) varia de acordo com a natureza da cultura local e o posicionamento da marca – especialmente se ela tiver um valor aspiracional –, e dividem as marcas globais em três tipos, com dois agrupamentos adicionais:

01 Marcas mestras
(Nike, McDonald's e Visa)
A atratividade de uma marca mestra normalmente baseia-se em uma proposição ou mito poderoso. Essas marcas têm uma exposição e valor aspiracional fortes. Tipicamente, elas transcenderam suas origens nacionais. Marcas mestras exploram a inovação, o rejuvenescimento e o marketing persistente para que permaneçam relevantes e atualizadas. Como são percebidas como um talismã, elas conferem poder social aos seus usuários. Os relacionamentos dos consumidores com a marca baseiam-se em uma combinação de autoridade (confiança e inovação), aprovação (aceitabilidade) e identificação (vinculação e nostalgia).

02 Marcas de prestígio
(Ralph Lauren, Mercedes e Gucci)
Marcas de prestígio oferecem a melhor qualidade nos seus segmentos, com a noção da qualidade arraigada em um mito cultural em torno da qualidade. Todo mundo acredita que os alemães são mestres da excelência em engenharia. A afinidade dos consumidores com esse tipo de marca baseia-se na autoridade (inovação e tradição) e aprovação (prestígio e endosso). Não surpreende o fato de esse tipo de marca ter um alto valor de exposição com um alto valor aspiracional.

03 Marcas globais
(Dove e Nescafé)
Estas são marcas freqüentemente percebidas como produtos locais, embora sejam comercializadas globalmente. Na maioria das vezes, elas estão presentes em categorias como alimentos, produtos para a casa e higiene pessoal, com baixo valor de exposição. Normalmente, essas marcas têm baixo valor aspiracional, embora nos países em desenvolvimento isso possa ser diferente. A afinidade com essas marcas baseia-se na autoridade (confiança e tradição) e identificação (nostalgia e dedicação).

04 Marcas tribais
(Quicksilver e Mambo)
São marcas com valor de exposição forte, que fornecem uma alternativa individualista e que são mais atraentes aos consumidores ocidentais e asiáticos mais jovens e sofisticados, especialmente em categorias orientadas à moda.

05 Super marcas
(Nokia)
Estas marcas normalmente estão disponíveis internacionalmente e são diferentes das marcas mestras por estarem muito mais orientadas à categoria do que ao mito.

O grau de localização que uma marca precisa adotar baseia-se no tipo da marca. Marcas de prestígio demandam pouca localização, enquanto marcas globais precisam do maior grau possível. Tanto para marcas mestras como para supermarcas, há uma linha tênue entre a resposta aos mercados locais, de modo que os indivíduos não se sintam parte de um todo homogeneizado, e a manutenção da natureza global, e aspiracional, da marca.

A complexidade dessa questão envolve dois outros fatores. Primeiro, a localização é afetada pelo tipo de categoria. Categorias como alimentação, produtos de limpeza e higiene pessoal – em que fatores como gosto local e cultura são importantes – precisam de um alto grau de localização. Em comparação, categorias com um valor de exposição ou aspiracional alto geralmente precisam de um menor grau de localização.

Segundo, alguns mercados locais têm valores e tradições bem específicos, e isso afeta o grau de localização necessário. Utilizando as classificações de Sterenberg e Baker, países culturalmente individualistas (como a França) exigem localização e uma conexão forte com os consumidores locais; países globalmente individualistas (como os países escandinavos) estão abertos ao mundo, mas exigem uma conexão forte com o produto; países culturalmente sensíveis (como a Argentina e o Chile) são "abertos ao mundo de uma maneira coletivista... O estabelecimento de conexões por meio de marcas globais muitas vezes é mais importante do que o orgulho da própria cultura"; e países culturalmente sensíveis (como o México e a Índia) esperam que marcas globais entendam e respeitem suas culturas únicas.

Em *Marketing Aesthetics: The Strategic Management of Brands, Identity and Image* (1998), Bernd Schmitt e Alex Simonson expandem ainda mais a questão das variações locais: "Na Ásia Oriental, identidades monolíticas e endossadas são mais comuns do que as identidades baseadas em marcas. Há maior confiança nas grandes corporações quando elas introduzem novos produtos e extensões de marca do que nas empresas recém-criadas. Portanto, talvez seja necessário que uma empresa cuja estrutura de identidade esteja baseada em uma marca mude para uma identidade endossada quando ela entra nos mercados da Ásia Oriental... A Proctor & Gamble, que utiliza uma identidade baseada na marca nos Estados Unidos, mudou para uma identidade endossada na Ásia, alterando dois elementos de sua identidade: sua publicidade, que termina com o logo da Proctor & Gamble para cada anúncio da marca, e a embalagem, que exibe o nome Proctor & Gamble em letras maiores do que as pequenas letras utilizadas nos Estados Unidos."

Epítome do toque de classe de uma marca
Polo Ralph Lauren Blue inspira-se no desenho inconfundível da Polo. O design, uma garrafa azul-real com tampa prateada e a imagem de um jogador de pólo, personifica todas as associações nobres da marca. Design de Ralph Lauren com sua equipe de criação.

Bebendo a água

Quanto mais um profissional trabalha em projetos internacionais de design, mais ele percebe a complexidade da questão global/local. Para designers, a questão destaca a importância fundamental de se conhecer o status do produto, seu mercado e seus consumidores. Essencialmente, isso está ligado ao entendimento de todos os fatores que afetarão a percepção de um consumidor em relação a um produto e à manipulação desses fatores para se alcançar o melhor efeito. Em um artigo em *Cross-Cultural Design Communicating in the Global Marketplace* (1994), Henry Steiner afirma: "A maioria das pessoas não está ciente da sua própria cultura — assim como outrora estavam alheias a conceitos como oxigênio, evolução ou gravidade. A cultura é o nosso ambiente; é a maneira 'natural' de pensar e comportar-se, tão inquestionável quanto a água para um peixe". Claramente, os designers que criam embalagens "glocais" para culturas fora da suas experiências pessoais precisam, primeiro, beber a água local.

Coquetel global e local
O design das duas garrafas emprega recursos semelhantes, como um invólucro em torno do gargalo, cristas nas tampas, relevos no corpo das garrafas e impressos laminados nos rótulos para transmitir a autenticidade e a qualidade das duas bebidas — contudo, ambas capturam o espírito de dois países bem diferentes. Ambas ilustram as características de uma marca de "prestígio". Design do Ballantine's por Lewis Moberly e da vodca Russian Standard pelo estúdio Identica.

Medindo o sucesso do design de embalagens

O design de embalagens, como todos os tipos de design, não opera em um vácuo. Os designers recebem uma tarefa, ou tarefas, que reflete as aspirações do proprietário da marca – como maiores vendas, maiores lucros, maior participação no mercado, custos de embalagem reduzidos, reatividade de mercado mais rápida, melhor distribuição, percepções do consumidor sob um novo foco ou lançamento de um novo produto –, e eles se preparam para alcançar esse objetivo.

Uma força particular do design de embalagens é que sua eficácia pode ser medida mais facilmente em comparação a outras disciplinas de design. As vendas de um produto podem ser medidas pelo uso de dados dos Pontos de Venda Eletrônicos (PDVEs), por exemplo, antes de um novo design de embalagem ser introduzido e medido após sua introdução para que os resultados possam ser comparados.

O preço de um produto no varejo e seus custos de produção e embalagem podem ser ajustados como parte de uma iniciativa de reformulação da embalagem, e os resultados das vendas podem ser analisados para medir aumentos das taxas de lucro.

A participação no mercado de uma marca pode ser medida tanto em um nível macro – por exemplo, nacional – como em um nível micro – por exemplo, regional – antes da reformulação do design de uma embalagem, e então medida novamente para verificar melhorias na participação da marca em comparação com sua participação anterior e com a concorrência.

A estrutura da embalagem de um produto pode ser analisada para identificar oportunidades de reduções de custos por meio do uso de novos formatos, substratos e métodos de produção a fim de verificar de que maneira o design pode ser modificado como parte de um processo de reformulação. Isso também pode ser aplicado ao processo de produção para verificar se os formatos que precisam de muita intervenção manual podem ser automatizados. A reformulação do design também pode ser feita seguindo o ponto de vista da exposição do produto, para verificar se é possível fazer ajustes a fim de evitar furtos ou estragos ao produto devido a sua remoção da embalagem, impossibilitando sua venda.

A Lucratividade Direta por Produto (DPP, Direct Product Profitability) de um produto também pode ser considerada para verificar se é possível fazer melhorias no tamanho – reduzindo assim o volume do espaço de exposição ocupado – e na armazenagem e no transporte, isoladamente ou em massa, como um esforço para aprimorar a lucratividade desse produto.

Certos mercados são altamente suscetíveis a estilos e gostos, e a tarefa do designer é criar uma solução que possibilite que designs de novos produtos possam ser introduzidos rapidamente e ofereçam uma boa relação custo-benefício. Em alguns casos, essa reação de mercado é determinada pelas estações, em outros pela responsividade à atividade da concorrência. Nos dois casos, uma solução de embalagem que leva muito tempo para mudar e é cara de se produzir destrói seu objetivo. Qualquer solução de embalagem que seja rápida e eficaz prova seu valor rapidamente.

O design de embalagens também pode ser explorado para melhorar a distribuição de um fabricante. Varejistas talvez se recusem a exibir um produto porque seu design é muito antiquado, fora de sincronia com certos mercados, ou embalado sem levar em consideração determinados formatos de comercialização. O design pode resolver esses problemas e é mensurável pela simples contagem de novas ofertas no varejo ou pela abertura de novos mercados externos.

Naturalmente, outros fatores – como a margem oferecida ao varejista – podem afetar os

**Esquerda:
Integridade de produto**
Ao redesenhar sua embalagem, a Ecover procurava atrair consumidores "verdes" radicais e moderados. Ela queria que esses consumidores reconhecessem a integridade de seus produtos de limpeza e soubessem que eles são produzidos com plantas e minerais. Também queria que a marca concorresse em sua categoria e tivesse um forte destaque nas prateleiras. Desde o relançamento, a reação dos consumidores tem sido extremamente favorável e os produtos tem apresentado um aumento na taxa de reposição entre 20 e 25%. Design de Pam Asselbergs e Alex Scholing, da S-W-H.

Acima: Terreno fértil
A reformulação do design da linha de produtos da Terra Ecosytems resultou em vendas 364% maiores que as vendas após o lançamento original. Além disso, em 2001, 60% das vendas vieram de novos estoquistas. Como as únicas modificações básicas no marketing foram da embalagem e das informações impressas, fica evidente que o sucesso do produto relançado está diretamente relacionado ao design. Design de Glazer.

novos canais de distribuição de um produto, mas se tudo permanecer igual e a única modificação for o design de embalagens, seu impacto poderá ser medido.

Reposicionar um produto é uma tarefa difícil, porém muitas vezes necessária em momentos de queda de vendas e distribuição, quando o efeito das iniciativas publicitárias e de promoção de vendas não foram bem-sucedidas. Nas mãos de designers experientes e talentosos, os valores positivos de uma marca podem ser identificados e absorvidos numa nova solução de design, cuja eficácia pode ser medida tanto pelos dados de vendas como por pesquisas com consumidores.

Por fim, para inúmeros lançamentos de produtos, em particular para as marcas próprias dos varejistas, não há orçamento de marketing, e o sucesso de um produto repousa na eficácia do design da embalagem e, naturalmente, no próprio produto. Nessas situações, o design de embalagens precisa provar por si só que é bem-sucedido por meio da sua capacidade de se comunicar, envolver e influenciar os consumidores nas suas decisões de compra.

Dados concretos dão suporte à eficácia do design. Eles também contam a favor para que o design seja visto como um investimento – um investimento que gera um retorno, da mesma forma como o desenvolvimento de um novo produto gera um retorno. Lippa Pearce, como muitos outros designers, trabalhou em projetos em que o retorno financeiro de um investimento em design podia ser medido em semanas.

Outra maneira de ver o design como um investimento foi apresentada por Martyn Denny, diretor de vendas e marketing da Aqualisa, no *Facts and Figures on Design in Britain 2002-03* do The Design Council: "Se você acha que um bom design é caro, pense no custo de um design ruim".

Direita: Medicamentos fitoterápicos
Depois da reformulação do design dos chás Dr Stuart's Botanical Teas, as vendas no Reino Unido aumentaram em 65% – em um mercado que crescia apenas 12%. Além disso, hoje os produtos estão presentes em todas as principais lojas britânicas, conseguiram entrar em novos mercados na Itália, França, Noruega e Rússia e suas vendas dobraram nos EUA. Design de Sheppard Day.

Abaixo: Gol!
O design da edição especial das latas da Carling Black Label foi tão bem-sucedido que o produto esgotou em questão de horas. Design da Enterprise IG.

O ambiente varejista

Anteriormente, observei que o design de embalagens não opera em um vácuo, e isso é demonstrado pelo ambiente natural da embalagem – as lojas. Grandes ou pequenas, independentes ou em redes, de departamentos ou empórios, especializadas ou generalistas, todas as lojas são o principal veículo para que os fabricantes (proprietários de marca e varejistas) apresentem seus produtos ao consumidor.

É claro que há outro veículo de compras, a Internet, mas parece justo dizer que, com exceção de alguns protagonistas notáveis, como a Amazon, ela ainda está na sua infância. A Internet não atingiu as expectativas dos pioneiros – nem as das pessoas que optaram por investir em "teclas" em vez de "tijolos" – e, em termos de volume, não conseguiu concorrer com as lojas "tradicionais". Além disso, a maioria dos varejistas eletrônicos ainda não encontrou uma maneira de vender produtos online sem exibir uma representação física do produto. Visite a maioria desses sites e você encontrará fotos representando os produtos.

O mundo varejista de "tijolos e cimento" atual é um lugar bastante dinâmico onde as práticas estabelecidas são questionadas e os novos formatos são avaliados. O conceito da "experiência de consumidor" criou raízes. Lojas como Niketown e Selfridges oferecem aos compradores um ambiente bem distante da tradicional organização das prateleiras, da noção de otimização de espaço e da maximização de vendas por metro quadrado.

Algumas coisas nunca mudam, naturalmente. Qualquer pessoa que já esperou durante horas em uma fila em uma loja da IKEA sabe que o ato de compra pode ser divertido, mas que o processo de pagamento pode ser uma tortura. No caso do design de embalagens, algumas coisas são constantes enquanto outras mudam. Atualmente, a escolha do consumidor é um dado básico e, como resultado, a velocidade da seleção é um problema. A escolha não necessariamente está associada à percepção do consumidor, portanto, o auto-serviço e o auto-serviço assistido são conceitos que os varejistas precisam considerar a fim de assegurar um equilíbrio correto entre o foco no consumidor e os serviços ao cliente.

A escolha também está no centro do primeiro tópico discutido nesta seção – o desenvolvimento de uma marca própria. Os varejistas conhecem seu poder. Eles o exercem todos os dias sobre os seus fornecedores. Se há algo que orienta os negócios dos grandes supermercados no Reino Unido, é o reconhecimento do poder das suas marcas. Isso afeta diretamente o design de embalagens por conta da escala absoluta da atividade de design: em um ano, milhares dos produtos desses supermercados podem passar por um processo de design ou de reformulação do design.

O ambiente natural da embalagem
Apresentação em duas lojas, uma nos EUA (acima) e outra no Reino Unido, mostrando a relação das embalagens em ambientes típicos de supermercado. Ambas ilustram a escolha que os consumidores enfrentam em diferentes categorias.

Marca proprietária *versus* marca própria

O que queremos dizer com uma marca proprietária *versus* uma marca própria? De certa forma, isso sintetiza a concorrência entre marcas proprietárias – isto é, de terceiros, como Heinz, Persil e Coca-Cola – e as ofertas de uma marca própria dos varejistas. A maioria dos principais varejistas no setor de supermercados hoje oferece uma marca própria e, dependendo do estoque total de produtos, isso pode variar entre 30 e 60% da oferta. Na Marks & Spencer britânica, uma loja mais de departamentos do que um supermercado, marcas próprias ocupam 100% das prateleiras. Em termos reais, isso significa que um varejista gerencia um portfólio de marcas próprias composto de milhares de produtos, cada um sendo constantemente analisado para que efetivamente compita com a equivalente proprietária.

Nesse contexto, a concorrência ocorre entre um e outro produto, entre o produto de um varejista, com suas margens de lucro mais altas, e uma marca proprietária. Dada essa concorrência, donos de marcas e varejistas com marcas próprias vivem em um mundo de coexistência mútua, pontuada apenas por discordâncias ocasionais.

Às vezes, essas discordâncias ocorrem porque um varejista vai além dos limites e produz um design "copy-cat", isto é, uma imitação. Com freqüência chamados ironicamente de "me-toos" ("eu-tambéns"), esses designs imitam as marcas proprietárias utilizando as características visuais que as distinguem: pode ser uma cor – como quando a Sainsbury's lançou uma marca própria de refrigerante tipo cola em latas vermelhas –; pode ser um nome – quando a Tesco lançou uma margarina chamada Unbelievable ("Inacreditável") no mesmo mercado do Can't Believe It's Not Butter! ("Não acredito que não é manteiga"), ela deixou o fabricante Unilever furioso – ; ou pode ser um personagem – como no caso do pingüim da McVitie, que aparece em seus famosos biscoitos de chocolate. No Reino Unido, a Asda foi forçada judicialmente a retirar o seu personagem "puffin" (um papagaio-do-mar) da embalagem de suas barras de chocolate Puffin por ter sido considerado uma imitação da marca proprietária.

O British Brand Group estima que mais de dois milhões de consumidores comprem imitações por engano todos os anos, o que resulta em perdas de 9,3 milhões de libras esterlinas por ano para os produtores de marcas. Às vezes, os imitadores são tão bem-sucedidos que os danos a uma marca são irreparáveis. O formato diferenciado do pote do fabricante francês Bonne Maman foi tão copiado pelos varejistas que lhe causou prejuízos incalculáveis. Se a Bonne Maman tivesse registrado a forma do seu pote, ela teria se protegido.

Na Lippa Pearce, detestamos que nos peçam para imitar uma marca existente. Isso não apenas mina tudo aquilo em que acreditamos (o poder do design, a singularidade da proposição, nossas próprias habilidades criativas), mas também representa a total ausência de confiança por parte de um varejista em relação a sua marca e ao seu produto.

Saks Fifth Avenue
Um exemplo perfeito de um varejista que confia no produto da sua própria marca e produz embalagens com alto valor percebido. Design de Slover [AND] Company.

Essa falta de confiança é surpreendente devido a outra dimensão da questão de marca proprietária *versus* marca própria. Nos anos 70, havia uma rede de supermercados britânica chamada International Stores. Ainda lembro a aparência da marca dessa rede. Simples e utilitária em termos de design, a embalagem branca informava pouco além do nome do produto. Nos anos 80, tive uma sensação parecida ao morar no Canadá. Loblaws, uma das redes de supermercados canadense, utilizou uma abordagem semelhante de "valor" para sua embalagem. Todas as embalagens empregavam uma cor amarela diferenciada. A atitude dessas duas redes varejistas quanto às embalagens tinha mais a ver com rótulo próprio do que com marca própria. Isso pode parecer semântica, mas um rótulo próprio resume melhor uma abordagem que se baseia simplesmente na oferta de uma alternativa mais barata ao consumidor. Em contraposição, uma marca própria sugere que um varejista percebeu o fato de que é uma marca por si só, com valores e personalidade próprios.

Essa compreensão levou muitos varejistas a investir consideravelmente no refinamento da proposição de suas marcas, na segmentação de seus portfólios de produtos e a investir em bom design. Alguns varejistas segmentam seus portfólios em categorias como "bom", "melhor", "o melhor" e investem tempo e energia proporcionais ao valor de cada categoria. Outro varejista com o qual trabalhamos segmenta seus produtos em "genéricos", "alternativos a uma marca" e "de valor agregado".

Alguns donos de marcas próprias referem-se a produtos de valor agregado como *power brands* (marcas fortes). Trata-se de um termo que inclui várias definições, mas, no contexto do varejo, *power brands* são desenvolvidas para chamar a atenção dos consumidores à marca. Elas têm um "efeito halo" devido ao seu poder intrínseco de influenciar a percepção geral da marca pelos consumidores. Por exemplo, um varejista poderia lançar uma *power brand* com um visual extremamente contemporâneo e inovador, o que contribui para mudar a percepção negativa dos consumidores quanto à marca de um varejista, ou até mesmo para atrair novos consumidores.

O desenvolvimento de uma marca própria, em vez de um rótulo próprio, levou a muitos desenvolvimentos promissores no design de embalagens. Isso adiciona outro componente ao briefing do design, pois, como no comportamento do setor (consulte a página 54) e no posicionamento no mercado (consulte a página 58), ele fornece um enfoque para o trabalho de design. Saber que um produto é uma alternativa a uma marca fornece o contexto competitivo. Saber que um produto, ou linha de produtos, é de valor agregado dá a você, como designer, mais escopo para explorar a maneira como o design de embalagens contribuirá para as percepções da marca, bem como comunicará a proposta com eficiência.

Sofisticada e única
Mais sobre a embalagem utilizada pela Saks – dessa vez para sua linha de presentes nobres composta de biscoitos, trufas e doces recheados com nozes. Esse design de apenas uma cor alcança o efeito correto por meio do uso de ícones de presentes, taças de champanhe e a inconfundível cor dourada da embalagem. Design de Sayles Graphic Design.

Marca proprietária *versus* marca própria

HALFORDS
Cellulose Thinners

Halfords Cellulose Thinners are the ideal solvent for cellulose, acrylic and brushing paints. There are many uses including diluting paints for spraying and cleaning paint brushes, spray guns and aerosol nozzles.

This can has a metal sealing cap fitted for transit. This must be carefully removed prior to first use by piercing with a small screwdriver.
WARNING: DO NOT USE ON PLASTICS.

HALFORDS
Cycle Citrus Degreaser

- Deep penetration of grease and grime
- Rinse away formula
- Powerful degreasing action
- Natural citrus formula

HALFORDS
Cycle Chain Cleaner

- For use in chain baths or direct application
- Heavy duty degreasing formula

HALFORDS
Front Reflector

BS 6102
Conforms to British Standard BS 6102 Part 2

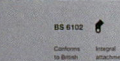 Integral attachment bracket

HALFORDS
Wheel Reflectors

BS 6102
Conforms to British Standard BS 6102 Part 2

Integral attachment bracket

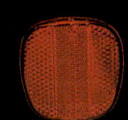

HALFORDS
Rear Reflector

BS 6102
Conforms to British Standard BS 6102 Part 2

 Integral attachment bracket

HALFORDS
Mudguard Reflector

BS 6102
Conforms to British Standard BS 6102 Part 2

 Complete with fixing screw

  Suitable for rear mudguards with two fixing holes

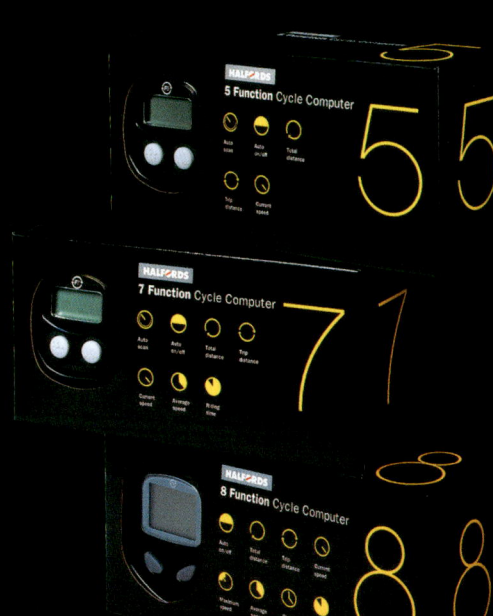

Amigável
Os produtos nesta página representam uma pequena amostra do design de embalagens que a Halfords encomendou à Lippa Pearce. Cada embalagem foi criada para ajudar o consumidor a selecionar o produto correto para suas necessidades. As características e os benefícios dos produtos são comunicados, gráfica ou tipograficamente, de maneira simples e direta. Todas as embalagens da Halfords compartilham essa abordagem diferenciada e amigável ao usuário — e ela funciona. As embalagens de óleo para motor (à direita, embaixo), criadas pelos estúdios Pentagram e Lippa Pearce, ganharam os prêmios DBA Design Effectiveness e Retail Week Award em 1996. A Halfords foi elogiada pelos jurados do *Retail Week* por ser um excelente exemplo de varejista seguro da sua marca e sem medo de enfrentar as marcas dos concorrentes. O projeto de embalagens de óleo para motor foi feito em parceria com a Pentagram e o projeto para luzes LED foi feito em colaboração com a AM Associates.

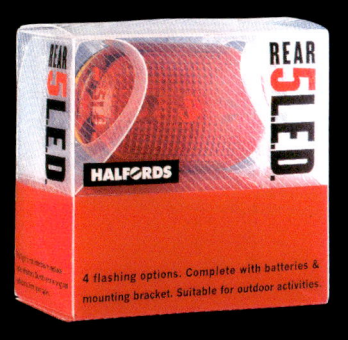

Velocidade da seleção

Em 1972, John Berger escreveu no seu livro seminal *Ways of Seeing* que "nas cidades em que vivemos, todos nós vemos diariamente centenas de imagens publicitárias das nossas vidas. Nenhum outro tipo de imagem nos confronta com tanta freqüência. Em nenhuma outra forma de sociedade na história houve tal concentração de imagens, tal densidade de mensagens visuais." Trinta anos mais tarde, no *Unique Now… Or Never*, Jesper Kunde escreveu: "Pesquisas mostram que um cidadão comum no mundo ocidental recebe 3 mil mensagens de marketing todos os dias… o ruído é ensurdecedor".

Como consumidores, experienciamos a "densidade das mensagens visuais" descrita por Berger toda vez visitamos uma loja. Na entrada, somos confrontados com um caleidoscópio de produtos e displays de merchandising – uma linha após a outra de produtos. O consumidor padrão, se essa pessoa existir, olha para as gôndolas dos supermercados e vê mais e mais opções. Ele vê opções de marca, produto, sabor, uso, preço e tamanho, para citar alguns dos critérios de seleção. Confrontado com inúmeras opções de produtos, os fatores racionais e emocionais começam a aparecer, sem contar a distração provocada por um companheiro que julga fazer compras uma tortura, não uma terapia, e por crianças predispostas a tornar a vida um inferno. Esses fatores aparecem rapidamente – a crença é de que os consumidores inicialmente só gastam alguns segundos examinando um produto.

A capacidade do cérebro humano de lidar com essa mistura de imagens e mensagens conflitantes, às vezes descrita como "white noise", é extraordinária. Várias pesquisas foram realizadas tentando entender o processo pelo qual os consumidores passam ao examinar a exposição de um produto.

Basta dizer que o "white noise" é um desafio para os designers de embalagens. Como reduzimos a confusão visual para alcançar uma característica única? Como criamos uma presença visual que atraia os olhos dos consumidores e, ao mesmo tempo, os seduza a olhar além das suas referências visuais familiares – os cereais que eles sempre compram, o xampú que eles consideram o melhor? Como apresentar razões racionais para o ato de compra – esse produto deixará seu cabelo mais macio, fazendo com que você fique mais bonito – ou razões emocionais – esse produto fará com que você se sinta sexy – com eficiência, tudo em questão de segundos?

Em resumo, os designers alcançam essa "manobra" trabalhando com seus clientes para criar fortes proposições de produtos e então visualizá-las da maneira mais simples e eficaz possível. A face primária da embalagem, a parte que permanece visível na prateleira, deve envolver os consumidores, atrair a atenção e desencadear considerações. Isso não significa que a proposição básica não possa ter camadas de verificação, mas elas devem ser comunicadas pelo restante da embalagem.

Segundo Schmitt e Simonson, "em pesquisas sobre comunicação, faz-se uma distinção entre dois tipos de mensagens; a mensagem central e a mensagem periférica. A mensagem central refere-se aos argumentos ou às principais questões persuasivas; e a mensagem periférica refere-se a todos os outros elementos tangenciais que não são tidos como alusões à mensagem principal." Focalizar a mensagem central está no coração do bom design. Paul Rand, uma das personalidades mais influentes do design norte-americano, costumava ensinar aos seus alunos a primazia desse conceito afirmando que se eles não conseguissem descrever a idéia por trás dos seus designs em uma das faces de um cartão de fichário, eles não tinham um design.

Não olhe agora
Tentando lidar com a densidade das mensagens visuais.

Auto-serviço e auto-serviço assistido

A maior parte do setor varejista moderno utiliza o auto-serviço, mas o grande debate nesse setor hoje é o auto-serviço e o auto-serviço assistido visando a entender as necessidades dos diferentes consumidores e os padrões comportamentais variados nos diferentes setores. Os varejistas categorizam os consumidores, atribuindo a eles nomes como "sem tempo", e criam formatos no varejo para facilitar as experiências de compra desses consumidores. Por exemplo, a Kesko, na Finlândia, dividiu algumas de suas lojas em zonas. Uma zona frontal da loja, que os clientes com pressa podem acessar facilmente, contém produtos de fácil reposição. As zonas mais distantes satisfazem as necessidades dos compradores semanais. Muitos varejistas agora têm departamentos especificamente projetados para consumidores sem tempo e que compram apenas um pequeno número de itens, complementados com caixas rápidos.

Os varejistas também classificam consumidores de acordo com a confiança que eles têm em uma categoria. Um dos nossos clientes, proprietário de uma série multimilionária de marcas próprias, segmentou seu mercado-alvo de cosméticos e produtos para cuidados com a pele em consumidores do tipo "desejosos de perfeição", "confiantes e capacitados", "buscadores de inspiração" e "viciados em beleza". Outro cliente, uma concessionária e distribuidora de peças e acessórios para carros e motos, classifica dois dos seus segmentos de cliente como "entusiastas da mecânica" e "entusiastas dos acessórios".

Os varejistas hoje também reconhecem os diferentes estados de espírito e estilos dos compradores. Às vezes, eles olham sem compromisso. Às vezes, eles compram com amigos e compartilham descobertas de novos produtos. Às vezes, eles são "focados na missão" — seu desejo é simplesmente fazer a compra.

Os consumidores também mudam seus comportamentos de compra, dependendo da categoria de produto que estão comprando. Pesquisas feitas anos atrás identificaram que os consumidores que compram protetores solares podem passar até uma hora avaliando os produtos em oferta e selecionando o produto certo para o seu tipo de pele. Em outros setores, como cuidados com a saúde, as decisões de compras relacionadas a remédios de venda livre muitas vezes demoram mais e baseiam-se na gravidade da condição que precisa de tratamento. Em uma categoria como produtos dietéticos, em que os consumidores contam calorias, os compradores muitas vezes passam por um processo "complexo" de avaliação da necessidade, tolerância, gosto e compromisso.

Em alguns setores, o auto-serviço assistido é a regra. Devido à escolha e à complexidade dos produtos oferecidos, normalmente há equipes de especialistas disponíveis para auxiliar o consumidor, avaliar suas necessidades, orientá-lo quanto às opções e… estimular gastos mais altos. Em uma pesquisa de que participei, ficou claro que em algumas áreas, como cosméticos, esses especialistas são vistos com um pouco de apreensão.

Entender o comportamento e as tendências de compras dos consumidores é extremamente importante ao criar soluções de design de embalagens. Saber que os consumidores querem ajuda para selecionar o produto certo força os designers a apresentar informações de uma maneira clara. Saber que os consumidores não têm tempo para interpretar hierarquias de ofertas complexas ajuda os designers a incorporar à embalagem recursos de design que diferenciam o papel e a função de um produto. Entender o papel de um assistente na tomada de decisão de compra faz com que os designers sejam lógicos e consistentes ao descrever as características, os benefícios e as instruções de uso de um produto.

Tornando simples o complexo
Aura Cacia é um líder no mercado de aromaterapia – um setor que pode parecer complexo e difícil de entender. Para ajudar os consumidores a selecionar o óleo essencial correto aos seus propósitos, há nos rótulos das embalagens uma ligação entre o ingrediente principal do produto e seu benefício emocional. As barras coloridas na nova identidade da marca reforçam a ênfase na origem natural da planta utilizada nos ingredientes, enquanto o sistema de design limpo e simples transmite qualidade, perícia tecnológica e pureza. Design de Addis.

Dinâmica da embalagem

A embalagem desempenha diferentes funções dentro de inúmeros setores varejistas e de toda uma diversidade de configurações para o varejo. Em um nível básico, porém, alguns aspectos nunca mudam, e são com eles que os designers de embalagens devem se preocupar. Esses aspectos podem ser melhor descritos como "dinâmica da embalagem".

A dinâmica da embalagem é importante porque reflete as necessidades básicas dos consumidores. Ela tende a permanecer constante porque as necessidades dos consumidores permanecem constantes. Confrontados com várias opções de produtos, os consumidores recorrem à experiência ao selecionar o produto correto ("o que comprei na última vez?") ou são influenciados pelo merchandising visual, pela atividade de promoção de vendas ou pelo design da embalagem. Nesse contexto, a diferenciação do produto é importante, e qualquer solução de design de embalagens deve facilitar a seleção do produto certo.

Da perspectiva do design, isso significa que um briefing de embalagem será uma combinação de tarefas relacionadas a um determinado produto e um conjunto de tarefas "genéricas" que serão importantes porque sua realização garantirá que a marca X receberá a consideração apropriada. Por exemplo, um briefing de design que envolva o reformulação do design de uma ampla variedade de cosméticos: a tarefa específica será assegurar que a proposição da marca seja comunicada de uma maneira expressiva; as tarefas genéricas deverão assegurar que os produtos dentro dessa linha sejam apropriadamente diferenciados, que a linha de produtos seja posicionada precisamente no mercado e que a embalagem se adapte confortável e apropriadamente dentro do respectivo setor.

Vive la difference
Certificando-se de que a marca X recebe a consideração adequada.

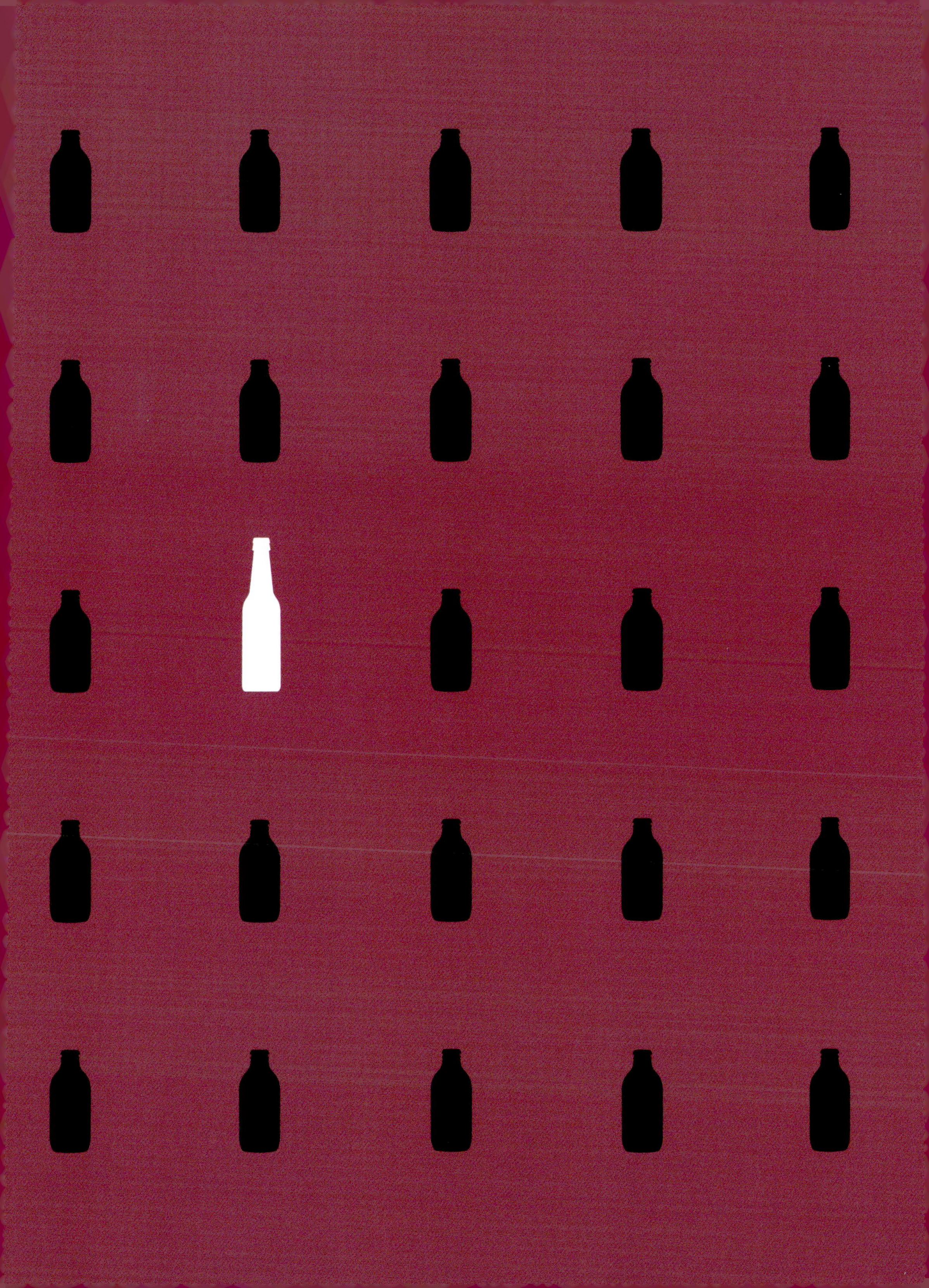

Manifestação da marca

Ainda lembro a primeira vez que vi uma garrafa de Coca-Cola. Era um dia terrivelmente quente em Malta e eu tinha não mais do que cinco anos. Embora isso tenha acontecido há quase 40 anos, não consigo esquecer minha emoção frente à possibilidade de ter minha primeira Coca e a sensação da garrafa gelada na minha mão. A garrafa de Coca e a memória estão inextricavelmente ligadas, tanto que a garrafa – a embalagem – tornou-se um símbolo da marca e da experiência.

Muitos consumidores têm associações semelhantes com as marcas. Embora atualmente o ketchup Heinz seja embalado em garrafas plásticas que podem ser apertadas, facilitando a saída do molho, para muitas pessoas essa nova garrafa não transmite uma ressonância emocional associada ao ato de bater no fundo da garrafa de vidro e esperar pelo ketchup. A embalagem torna-se uma manifestação da própria marca e, como uma marca é mais do que simplesmente o produto em si, a embalagem torna-se uma combinação das percepções, memórias e sensações dos consumidores. Na realidade, uma marca torna-se uma combinação dos valores "tangíveis" e "intangíveis", o último sendo formado nas mentes dos consumidores.

Entendendo esse papel específico da embalagem, os designers podem tentar manipular as percepções dos consumidores em relação a uma marca. Com marcas mais antigas, as percepções podem estar muito bem arraigadas na mente dos consumidores, e a tarefa é garantir que a embalagem reflita essas percepções. No caso de marcas mais novas, o design de embalagens pode ser manipulado para retratar os valores intangíveis que você quer que a marca tenha. Nessa etapa, é muito importante definir esses valores e transmiti-los, porque haverá um momento em que uma mudança sutil acontecerá e os valores de uma marca se tornarão aquilo que os consumidores acreditam que sejam – você não poderá mais controlá-los.

Esquerda: Pensou em ketchup, pensou na Heinz
Poucos produtos são tão inseparáveis da sua embalagem quanto o ketchup Heinz Tomato. A forma da garrafa, a longa espera pela saída do ketchup, o formato do rótulo, as 57 variedades e o picles verde são fatores que associamos a essa marca. Ao longo do tempo, a embalagem tornou-se um sinônimo da marca. Designer desconhecido.

Direita: Jean Paul Gaultier Classique
Classique é um exemplo perfeito de embalagem como uma manifestação da marca – nesse caso, a marca é Jean Paul Gaultier. A sagacidade e a sensualidade associada ao designer são reveladas na embalagem, que compartilha essas características. Design de Jean Paul Gaultier.

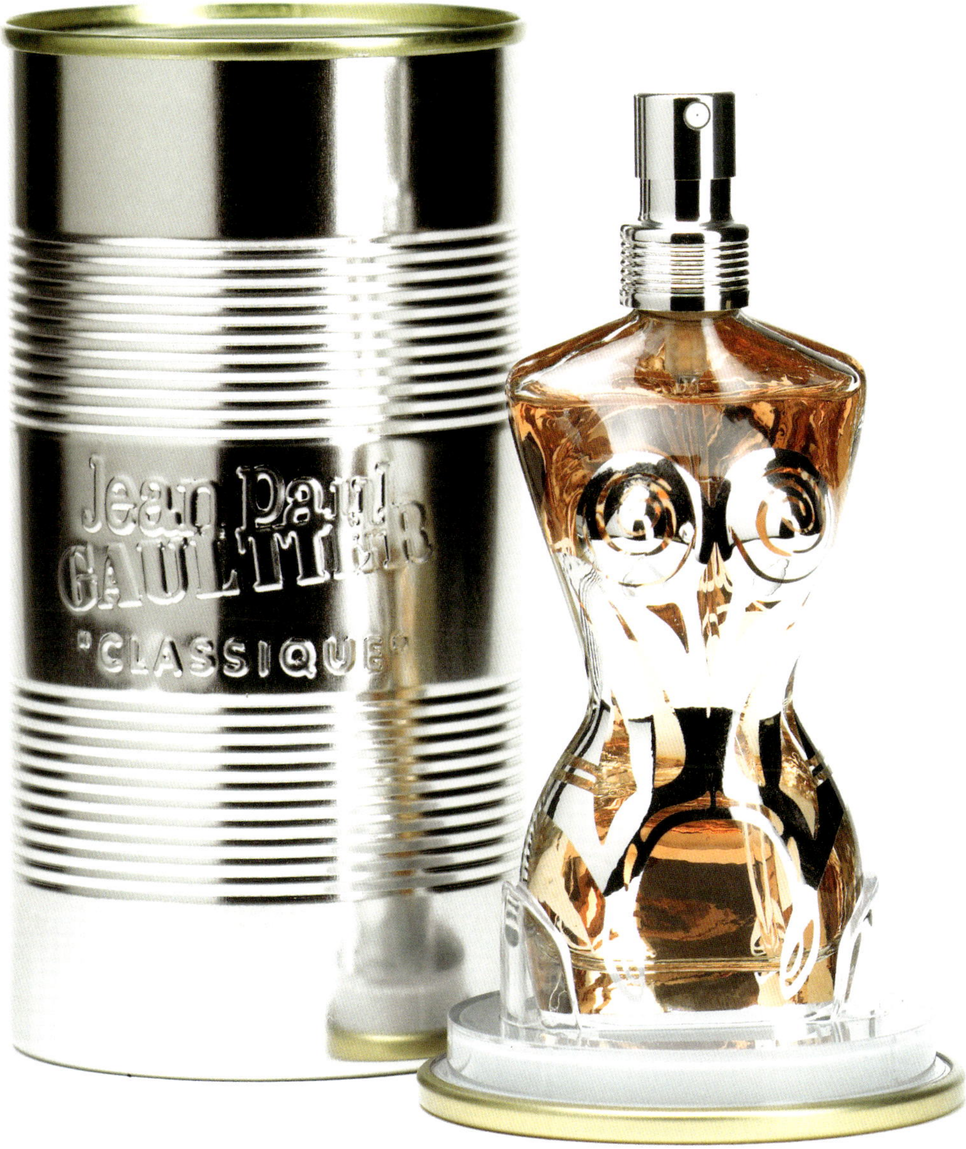
Jean Paul
GAULTIER
"CLASSIQUE"

Diferenciação do produto

Por que a diferenciação de produto é tão importante? Talvez esse trecho de *Funky Business: Talent Makes Capital Dance* (2000), de Jonas Ridderstråle e Kjell Nordström, dê uma idéia: "No ano de 1996 foram publicados 1.778 livros de negócios no mercado norte-americano. As principais gravadoras lançaram, em 1998, 30 mil álbuns nos EUA. No mesmo país, o número de lançamentos de produtos no setor de alimentação aumentou de 2,7 mil em 1981 para 20 mil em 1996. Para acompanhar o ritmo dos lançamentos dos produtos, a Procter & Gamble tem mais cientistas na sua folha de pagamentos do que Harvard, Berkeley e MIT juntos... Em 1996, a Seiko lançou 500 novos produtos – mais de dois novos produtos por hora de trabalho. Talvez isso seja necessário em um mercado em que o ciclo de vida médio de um produto no setor de eletrônica seja, atualmente, de três meses. Ainda assim, em comparação com a Walt Disney, a taxa de inovação da Sony é bem baixa. Michael Eisner, principal executivo da Disney, afirma que a empresa desenvolve um novo produto – um filme, uma revista em quadrinhos, um CD ou o que quer que seja – a cada cinco minutos."

Hoje, as expectativas dos consumidores em relação às escolhas são tão amplas que os varejistas respondem de várias maneiras. A Selfridges, em Londres, posiciona-se atualmente como "uma empresa com diversas marcas", e oferece aos consumidores várias marcas das principais empresas mundiais em uma ampla variedade de categorias e em um ambiente que é verdadeiramente uma experiência de consumo. Varejistas, como o Walmart nos Estados Unidos e o Carrefour na França, optaram por um tamanho de loja inimaginável há 50 anos.

**À esquerda, abaixo:
Linhas brancas**
Há brancos e brancos. Acho que foi Anouska Hempel quem disse que o branco era sua cor favorita porque é possível escolher entre várias combinações dessa cor. A solução da Flexa para diferenciar seus vários tipos de branco é utilizar fotografias fortes e belas que capturam o tom dos respectivos brancos configuradas em um layout simples que destaca a imagem. Esse tratamento não apenas diferencia o produto, mas também distingue perfeitamente a marca dos seus concorrentes. Design de Mountain Design.

Acima: Club class
A consistência da forma física da embalagem da Club Monaco forma essa linha de produtos, enquanto a cor (a cor em si e o nome da cor) e seu uso diferenciam cada produto. Design de Sayari Studio.

Diferenciação do produto 47

No nível da categoria, como cuidados com a pele ou com os cabelos, os consumidores podem escolher entre uma ampla variedade de produtos especialmente criados para tipos específicos de cabelo ou de pele. De fato, a escolha do produto é um fator presente na percepção que os consumidores têm das credenciais específicas da marca de um varejista. Compreender o número de escolhas que um consumidor tem é muito importante. Isso fornece o contexto para o design e ilumina a dimensão da tarefa. É importante saber quantos produtos concorrentes serão expostos ao lado do seu para entender realmente o conjunto de ofertas da concorrência. Também é útil entender a composição criada pelo conjunto da concorrência. Talvez haja um ou mais líderes de mercado com marcas consagradas ou talvez seja um setor de mercado relativamente imaturo, sem uma marca líder. De qualquer forma, seu produto precisa se destacar e ser claramente diferente dos produtos dos concorrentes.

Geralmente, a necessidade de diferenciar um produto de outro resulta em comentários de clientes sobre o impacto na prateleira e o destaque do produto em seus briefings. O trabalho dos designers é fazer com que o produto atraia a atenção dos consumidores. Infelizmente, se todos os produtos forem chamativos, nenhum irá se destacar. Alcançar impacto na prateleira não é, portanto, chamar o máximo de atenção. Se fosse, o design de embalagens provavelmente consistiria apenas de flashes, efeitos visuais, letras garrafais e cores atraentes. Em vez disso, design é criar uma proposta significativa para o produto e comunicá-la de uma maneira que tenha ressonância poderosa nos consumidores.

É claro que não é fácil alcançar uma proposta de produto poderosa e diferenciada, sobretudo quando há pouca diferença real entre os produtos. No passado, a noção de que um produto precisava ter uma proposta de venda única (PVU) era dominante: na verdade, a PVU de um produto o definia. Mais recentemente, novas teorias evoluíram com base na Proposta de Venda Emocional (PVE) de um produto, sendo esse um diferenciador poderoso.

Ao desenvolver uma PVU ou uma PVE poderosa, ou mesmo uma combinação das duas, o objetivo é o mesmo. Como Kunde diz: "Em um mercado tão disputado não há razão em competir por espaço na prateleira ou em simplesmente fazer mais barulho. Você tem de diferenciar sua oferta. Há apenas um lugar no qual você está (ou deveria estar) interessado e quer ser levado a sério, ser ouvido, notado, registrado, lembrado, utilizado. Esse lugar é a mente humana. É aí que você deve concentrar os esforços para conseguir algum espaço."

O papel primário do design na diferenciação de um produto é dar substância à proposta de um produto e explorar cada característica da embalagem para que ela envolva os consumidores, seja por meio de imagens, cores, linguagem, forma, estrutura ou mesmo qualidade tátil dos materiais da embalagem.

Acima: Mensagem em uma garrafa

Usando a "deixa" da sua principal proposta (vinhos produzidos em New Forest, sul da Inglaterra), os rótulos do Setley Ridge se diferenciam de maneira criativa e, ao mesmo tempo, reforçam a proposta. Design de Enterprise IG.

Direita: Vitalidade em uma lata

Em total contraste com a concorrência, a Denes Pet Foods evita imagens coloridas estereotipadas de cães e usa um personagem de cartum sobre um fundo branco simples. A idéia é chamar a atenção dos consumidores para a mensagem da imagem – um cão cheio de vitalidade e personalidade. Como resultado, o design interage imediatamente com um relacionamento muito forte – o que existe entre o animal e seu dono. Design de Blackburns.

Linhas de produtos e produtos únicos

Em termos simples, os produtos podem ser divididos em produtos únicos e em linhas de produtos. A criação de itens únicos, como uma fragrância ou uma caixa de chocolates, é essencialmente orientada pela necessidade de diferenciar e vender esse produto dentro de um determinado setor. Criar uma linha de produtos impõe outras camadas de complexidade ao processo.

Às vezes, a complexidade reside na necessidade de comunicar a amplitude da linha de produtos e então ajudar os consumidores a selecionar o produto certo. Se um portfólio consiste em quatro ou cinco produtos, isso é relativamente simples. Mas, quando um portfólio consiste em centenas de produtos, como a Halfords Car Paints (consulte a página 203), a tarefa é mais complicada. A empresa norte-americana M.A.C (Make-Up Art Cosmetics), por exemplo, tem 140 batons no seu portfólio.

Em alguns aspectos, a tarefa torna-se mais fácil porque os produtos são exibidos em conjunto e os consumidores conseguem visualizar imediatamente a diferença. Auxiliado pela embalagem, o consumidor pode então decidir se ele quer uma determinada versão, ação de produto, cor etc.

Em outras situações, os portfólios podem muito bem abranger uma categoria ou várias categorias. Poucas empresas de marca têm respaldo financeiro para pagar ágios aos varejistas a fim de que possam exibir todos os seus produtos conjuntamente na melhor posição na gôndola – e, no processo, alcançar uma "presença de marca" poderosa. De fato, nas categorias em que os consumidores comparam ativamente os produtos, isso pode ser prejudicial. Se o seu produto não aparecer no merchandising da categoria, você não pode pressupor que os consumidores tentarão encontrá-lo na seção de marcas específicas.

Como resultado, uma linha de produtos pode muito bem abranger uma categoria (por exemplo, uma linha de xampús, condicionadores,

Espectro de cores
No final das contas, é o próprio batom, e não a embalagem, que diferencia um produto do outro, e é um desafio constante para as marcas de cosméticos criar uma embalagem que proteja o produto e facilite sua exposição nos balcões de cosméticos. Quando há uma oferta de 140 batons, como ocorre na M.A.C, a solução reside em tampas plásticas transparentes, em rótulos codificados de acordo com a cor na parte inferior ou no merchandising dos produtos sem as tampas. Design de Frank Toskan, originalmente desenvolvido por Hsing Chung (um fabricante chinês) e Thorpe (uma empresa colaboradora).

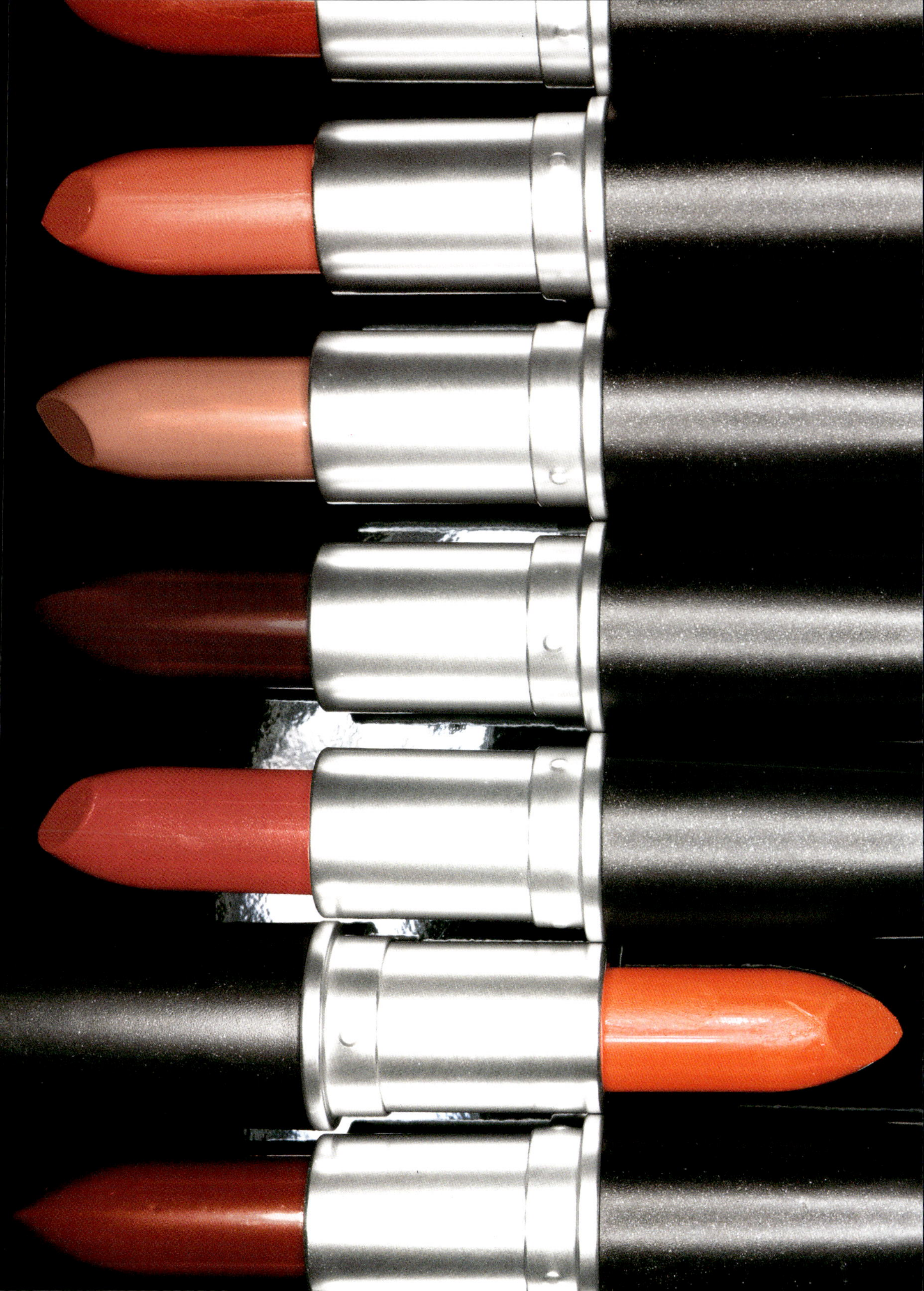

modeladores e outros produtos dentro da linha de produtos para cabelos) e difundir a presença da marca. Em outros casos, uma linha de produtos pode abranger diversas categorias variando de acordo com o número de categorias existente, por exemplo, no setor de alimentação.

Nesses dois últimos casos, a questão está menos relacionada com a seleção do produto e mais com o reconhecimento e a presença da marca. O proprietário da marca ou o varejista quer que sua marca esteja presente em um setor específico, mas ele também quer que ela tenha uma presença cumulativa. Por quê? Porque a presença da marca transmite autoridade e perícia técnica da marca. A maneira como isso é feito é de responsabilidade do designer. É um desafio que diferentes designers enfrentam de diferentes modos. Talvez seja suficiente criar a presença da linha de produtos por meio do uso de cores, ou estilo fotográfico específico, ou pelo desenvolvimento de uma embalagem estrutural especialmente distinta, ou mesmo um recurso gráfico. A questão essencial, porém, é que os briefings de design contêm várias áreas de complexidade e essa é simplesmente mais uma. Como uma ilustração disso, o estúdio Lippa Pearce recentemente recebeu um briefing que solicitava "aprimorar o destaque; criar uma hierarquia de comunicação clara; aprimorar a comunicação dos benefícios; obedecer às normas da categoria; explorar as opções a fim de introduzir benefícios especiais e emocionais; e criar um mnemônico visual diferenciado e relevante para fornecer identidade à marca."

Direita: O quadro completo
Cada uma dessas caixas Winsor and Newton Ink representa uma cor diferente na linha de cores e cada uma é atraente e envolvente por si só. De fato, cada uma é um triunfo da própria arte da ilustração. Juntas, elas se parecem com uma coleção de histórias curtas. A linha de produtos é irresistível na prateleira e cheia de autoridade. Design de Identica.

Abaixo: Cores vibrantes
Aqui a força do estilo da imagem e do conteúdo unifica a linha de produtos da Vidal Sassoon como um todo coerente, o que lhe confere autoridade. A confiança dos consumidores ao escolher o produto que eles querem é auxiliada pelas fotografias e pelos painéis de definição das cores sobre as tampas das caixas. Design de Dew Gibbons.

Linhas de produtos e produtos únicos 53

Comportamento do setor

Cada setor do mercado tem um comportamento próprio e, com o tempo, esse comportamento pode resultar em uma linguagem visual forte. Alguns chamam essa linguagem de "sector cues", ("deixas do setor") enquanto outros, como Southgate, chamam de "category equities" ("linguagem visual da categoria"). Como ele afirma, "Marcas existem em determinados repertórios dos concorrentes, que funcionam como um quadro de referência dentro do qual cada marca opera. Muitas vezes, esses repertórios desenvolverão, ao longo dos anos, – seja por acaso, seja pelo design – determinadas linguagens visuais, ou *category equities*: esses repertórios impõem certos limites dentro dos quais a comunicação dos valores únicos da nossa marca deve acontecer. Ignore muitos desses sinais característicos da categoria, distancie-se demasiadamente da linguagem visual estabelecida e você correrá o risco de ter se afastado demais do quadro de referência do consumidor. Sua marca será simplesmente ignorada porque ela não pertencerá mais ao conjunto."

O comportamento do setor é importante no design porque fornece um sistema de referência. Assim como o posicionamento no mercado ajuda os consumidores a se relacionar com um produto, o reconhecimento do setor ajuda um produto a definir sua relevância. Veja os desodorantes para o corpo, como o Impulse, da Lever Fabergé; todos usam a mesma lata alta e fina. Tempos atrás, a agência Lippa Pearce recebeu um briefing sobre uma linha de produtos cosméticos masculinos. Durante o processo de design, nosso estúdio se envolveu na seleção da embalagem estrutural para essa linha. Um aspecto já estava predefinido: a forma do desodorante – Lynx, uma marca Lever Fabergé, havia lançado uma fragrância spray para o corpo em uma embalagem de metal com forma esférica distinta, e essa forma tornou-se tão consagrada nas mentes masculinas que o nosso cliente teve de adotar a mesma forma.

O abuso de sinais característicos do setor também pode levar à apropriação do valor visual de uma marca, o que é exemplificado por designs copiados. Imagine nosso alívio ao receber o briefing da Waitrose para criar o design da sua linha de batatas ao forno e sermos explicitamente solicitados a não copiar a cor laranja predominantemente utilizada nas embalagens da McCain, uma marca líder britânica. Não tenho certeza se outros varejistas teriam o mesmo nível de confiança em suas próprias "escritas à mão", utilizando a expressão da Waitrose sobre sua estética de design, para não explorar uma característica visual tão forte.

Direita: Design de embalagens utilizando imagens de pernas femininas
No setor de meias femininas, fica claro que mostrar o produto sendo utilizado é importante para os consumidores. Cada uma dessas embalagens segue essa "regra", mas consegue ser original. Criadas, a partir da parte superior, por Turner Duckworth, Lewis Moberly, Turner Duckworth e Dew Gibbons.

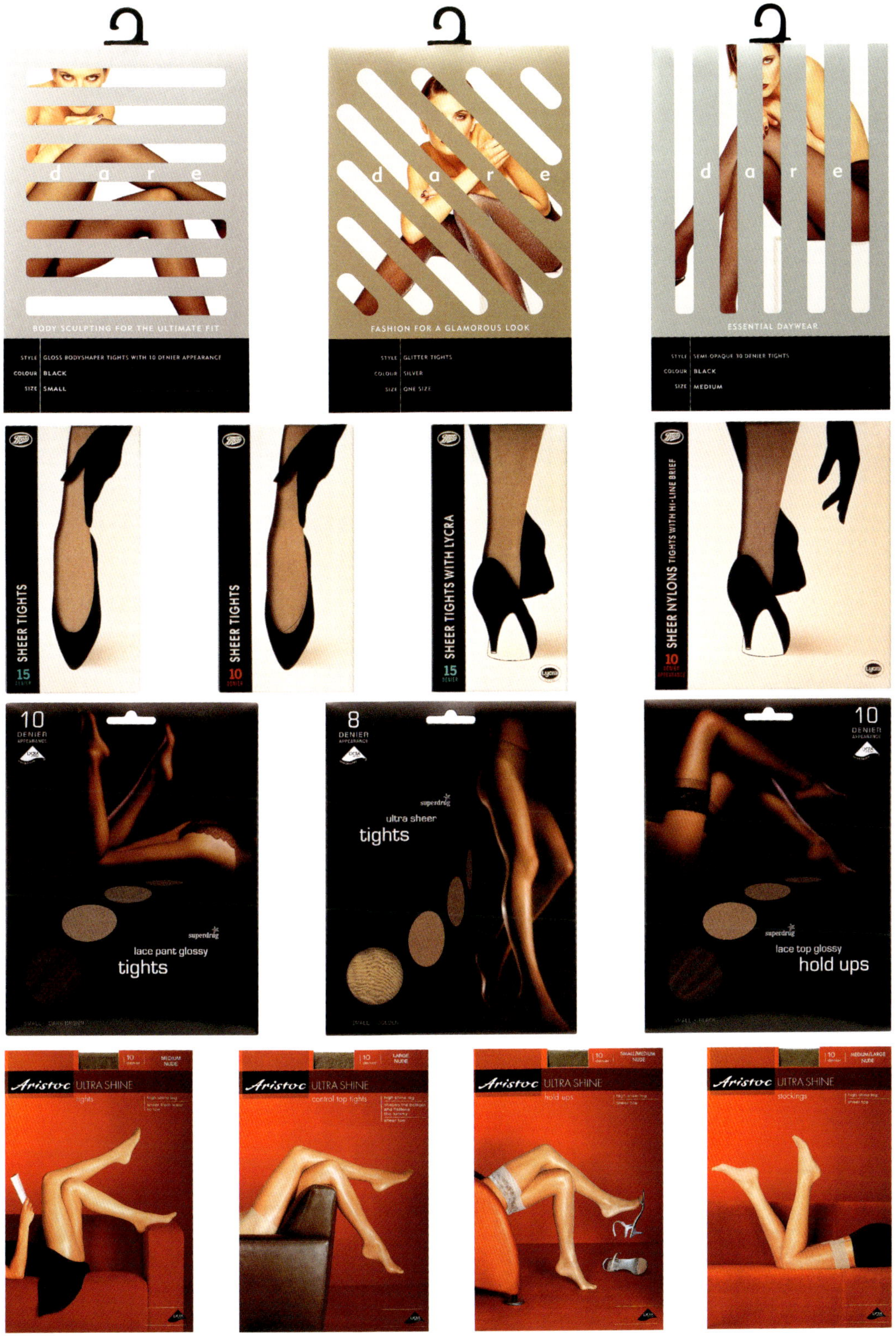
dare
BODY SCULPTING FOR THE ULTIMATE FIT
STYLE GLOSS BODYSHAPER TIGHTS WITH 10 DENIER APPEARANCE
COLOUR BLACK
SIZE SMALL
dare
FASHION FOR A GLAMOROUS LOOK
STYLE GLITTER TIGHTS
COLOUR SILVER
SIZE ONE SIZE
dare
ESSENTIAL DAYWEAR
STYLE SEMI-OPAQUE 30 DENIER TIGHTS
COLOUR BLACK
SIZE MEDIUM
SHEER TIGHTS 15
SHEER TIGHTS 10
SHEER TIGHTS WITH LYCRA 15
SHEER NYLONS TIGHTS WITH HI-LINE BRIEF 10
10 DENIER
superdrug
lace pant glossy
tights
8 DENIER
superdrug
ultra sheer
tights
10 DENIER
superdrug
lace top glossy
hold ups
Aristoc ULTRA SHINE
tights
Aristoc ULTRA SHINE
control top tights
Aristoc ULTRA SHINE
hold ups
Aristoc ULTRA SHINE
stockings

Ser diferente apenas para ser original é uma estratégia arriscada e, no caso da Waitrose, nosso design tinha um número suficiente de outros elementos visuais que associavam o produto à sua categoria. A diferenciação de produto é um assunto que iremos rever constantemente, mas ela não pode ser alcançada à custa do resto. Ultimamente, alguns designs foram muito bem-sucedidos ao adotar uma nova abordagem em uma categoria (veja os designs de William Murray Hamms para o Hovis na página 16), mas também houve alguns fracassos nos quais o novo era simplesmente muito chocante. Como Jonathan Ive, chefe do departamento de design na Apple Computers diz, "é muito fácil ser diferente; difícil é ser melhor".

Infusões de estilo
Em contraposição ao setor de meias femininas, o setor de chás aparentemente não tem características definidoras que vão além de um grau de sofisticação e "exotismo" empregado no design de embalagens. Criadas, no sentido horário da esquerda para a direita, pelos estúdios Mayday, Sandstrom Design e Pentagram.

Comportamento do setor 57

Posicionamento no mercado

Era uma vez os compradores e então surgiram os consumidores. Hoje, o conceito do mercado é tão forte que mesmo no setor público de serviços, como os hospitais, os pacientes são chamados de clientes. Os consumidores podem ser rei ou rainha, mas certamente eles não são feitos do mesmo molde. As pessoas têm necessidades e desejos diferentes.

Em parte, essas necessidades e esses desejos são alimentados pela abundância presente nas nossas vidas. Como diz Kunde, "Hoje, no mundo ocidental, há uma oferta excessiva de produtos. Há uma superabundância de tudo. Há um número excessivo de lojas, um número excessivo de canais de publicidade, de canais de televisão, hambúrgueres, carros, roupas e praticamente tudo mais em que você possa pensar. Vivemos em uma era de excessos." Esse número quase infinito de escolhas significa que agora os consumidores podem definir a si mesmos, suas individualidades podem ser personificadas pelos produtos que eles compram e pelas marcas que ostentam.

As necessidades das pessoas são em parte afetadas por fatores sócio-demográficos. Termos como "dólar cinza" são utilizados para descrever o poder de compra de pessoas aposentadas; diferentes grupos recebem acrônimos, como "DINKYs" (double income no kids yet – renda em dobro, ainda sem filhos), ou nomes como "ninhos vazios" (famílias cujos filhos saíram de casa). Os desejos das pessoas também são afetados pelos seus estilos de vida. Os profissionais de marketing no Reino Unido usam "pink pound" (libra rosa) para se referir aos consumidores homossexuais.

Direita: Queijo poético
Quando a Gedi lançou os queijos feitos de leite de cabra no mercado britânico, a empresa queria que os consumidores os considerassem como sendo da mais alta qualidade – tão bons quanto os melhores queijos franceses. Como resultado, o design da embalagem apresenta vários recursos (como estrofes do poema *Kubla Khan* do inglês Samuel Taylor Coleridge e um padrão repetido de carneirinhos impresso em verniz), que posicionam o produto no topo do mercado. Design de Lippa Pearce.

GEDI

The full Arcadian range consists of:

1	Natural	White appearance	Young fresh cheese with a mild tangy flavour.
2	Fine Herbs	Dark green appearance	Delicate seed plant relish.
3	Garlic	Green appearance	Light garlicky taste.
4	Black Pepper	Dark appearance	With a hint of spicy piquant flavour.
5	Red & Green Pepper	Red & green appearance	A pinch of sweetish flavour.

Ingredients

Pure goat's milk, sea salt, vegetarian rennet.
No artificial ingredients.

Full fat soft cheese made from pasteurised goat's milk.

Keep refrigerated in cling film.

To intensify Arcadian's creamy flavour and texture always remove it from refrigerator one hour bef[ore]. [A] fruity young red wine is the natural accompaniment to Arcadian. This combination makes an indulge[nt] climax to a special meal.

Gedi Enterprises Ltd, Plumridge Farm, Stagg Hill, Barnet, Herts EN4 0PX Telephone 081 449

GEDI

Arcadian

FULL FAT SOFT CHEESE MADE FROM PASTEURIZED GOATS MILK

110g

Produce of the UK

A individualidade do consumidor resultou no desenvolvimento de mercados de nicho e no desenvolvimento concomitante de descrições interessantes e pitorescas desses mercados. Por exemplo, os "adotantes iniciais", especialmente presentes nos mercados de tecnologia, como celulares e equipamentos de informática, são aqueles que provavelmente adotarão novas tecnologias antes que elas apareçam no mercado de massa. Cada mercado de nicho tem suas próprias idiossincrasias e entendê-las é fundamental para o processo de design.

Na realidade, seja o mercado-alvo de massa ou de nicho, entendê-lo é a essência do bom design, uma vez que isso permite posicionar o produto. É impossível criar uma embalagem que seja relevante sem entender quem a utilizará. É difícil criar um design que tenha uma ressonância no mercado-alvo sem entender as necessidades e os desejos desse mercado. É preciso entender os gatilhos emocionais e racionais aos quais o mercado-alvo responderá ao criar uma embalagem que transmita uma proposição poderosa. A seleção do consumidor é influenciada pela relevância, e a relevância é orientada pelo posicionamento no mercado.

Alcançar uma compreensão do mercado-alvo significa que você precisa colocar-se na posição dele. Pesquisas ajudam, assim como visitar lojas e observar compradores. Falar com as pessoas dentro do mercado-alvo ajuda a entender a perspectiva delas, da mesma forma como absorver um determinado "conjunto cultural" ajuda. Se o design for para uma linha de produtos esportivos, entenda o mundo dos esportes. Se for para o mercado jovem, tente descobrir quais fatores – pressão da sociedade e status do produto – são importantes na decisão de compra. Muitas vezes, a idéia vem do questionamento do briefing de design. Como Arthur Andersen, consultor em gestão na Andersen Consulting, comentou, "por trás de cada boa resposta há uma boa pergunta".

Natureza artesanal
O design do rótulo dessa garrafa, com um estilo diferenciado, ajuda a posicionar o produto e criar uma percepção nas mentes dos consumidores de que o produto é "feito à mão". Design de XForce.

Considerações ambientais

Conversei em uma conferência com um dos meus clientes varejistas e durante a seção de perguntas ele foi desafiado sobre a atitude da sua empresa em relação ao meio-ambiente. Um das pessoas que levantou essa questão foi ainda mais longe e perguntou por que a empresa não fornecia contêineres de reciclagem fora das lojas para que os clientes pudessem descartar as embalagens imediatamente ou em outro momento qualquer.

Preocupações ambientais afetam igualmente fabricantes e varejistas. Para muitos, elas agora fazem parte das responsabilidades sociais corporativas e estão presentes nos relatórios anuais e documentos diretivos. Para outros, em países como a Alemanha, leis estritas regem as considerações ambientais. Em 1996, o governo alemão introduziu uma lei responsabilizando os fabricantes pelas embalagens secundárias, como caixas de papel-cartão.

Essas considerações não são de modo algum simples, porque todo o problema ambiental envolve fatores como sustentabilidade, reciclagem e materiais recicláveis. Segundo um artigo na *Communication Arts* (setembro/outubro de 1999), embalagens compõem um terço do lixo nos Estados Unidos e um quarto dos aterros sanitários do país são compostos de contêineres de plásticos não-reciclados.

A sustentabilidade influencia as decisões de design porque chama a atenção de todo mundo para questões relacionadas à fabricação de um produto, matérias-primas, transporte, vendas no varejo, uso e descarte. Ela se concentra em fatores como uso da energia e de materiais, custos do combustível para transporte, processos de produção da embalagem, subprodutos, capacidade de reciclagem e impacto ambiental.

A reciclagem afeta o design de embalagens porque influencia na escolha dos materiais. Alguns plásticos podem ser reciclados – como o

Fibra social
A Costa Rica Natural Paper Company utilizou os seus próprios estoques de fibra natural para produzir a embalagem destes charutos. Reciclando os materiais industriais provenientes das folhas de tabaco, a empresa poupa árvores, reduz a quantidade de lixo nos aterros sanitários e evita a poluição dos rios. A embalagem torna-se assim emblemática da filosofia ambiental da empresa. Design de The Greteman Group.

Considerações ambientais 63

PET (politereftalato de etila) –, enquanto outros – como o poliestireno – raramente são reciclados. Por sua vez, a capacidade de reciclagem é afetada por embalagens que utilizam mais de um suporte – como uma garrafa e uma tampa – e pelo fornecimento de instalações para classificar e descartar as embalagens para a reciclagem.

Escolher suportes recicláveis é abordar o problema de outro ponto de vista, normalmente mais favorável: o uso de um suporte reciclado é uma maneira mais fácil de demonstrar as credenciais ambientais de uma empresa do que o uso de um suporte que os consumidores não podem reconhecer como sendo bom ou ruim ao meio-ambiente. Antigamente, especificadores de embalagens estavam restritos à escolha de caixas de papel-cartão de boa qualidade, por exemplo, mas os fabricantes começaram a responder à demanda e hoje produzem materiais com um acabamento correto para a maioria dos tipos de produtos.

O papel dos designers de embalagens no grande debate ambiental sempre será influenciado pelo cliente, pelo custo, pela responsabilidade individual e, essencialmente, pelo briefing, porque ele sintetiza o princípio comercial por trás de qualquer projeto de design. Os designers podem desempenhar seus papéis entendendo as questões e tentando influenciar a escolha dos materiais feita pelos seus clientes.

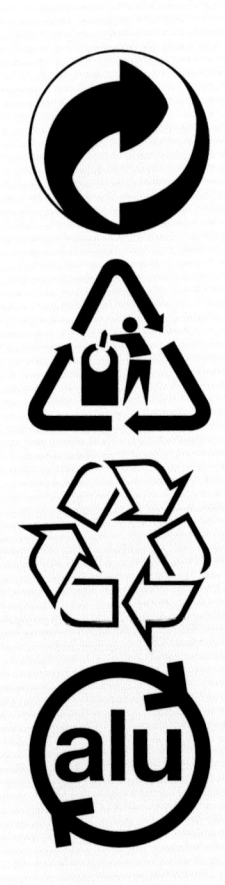

Ícones ambientais
Uma seleção de ícones ambientais empregados em embalagens.

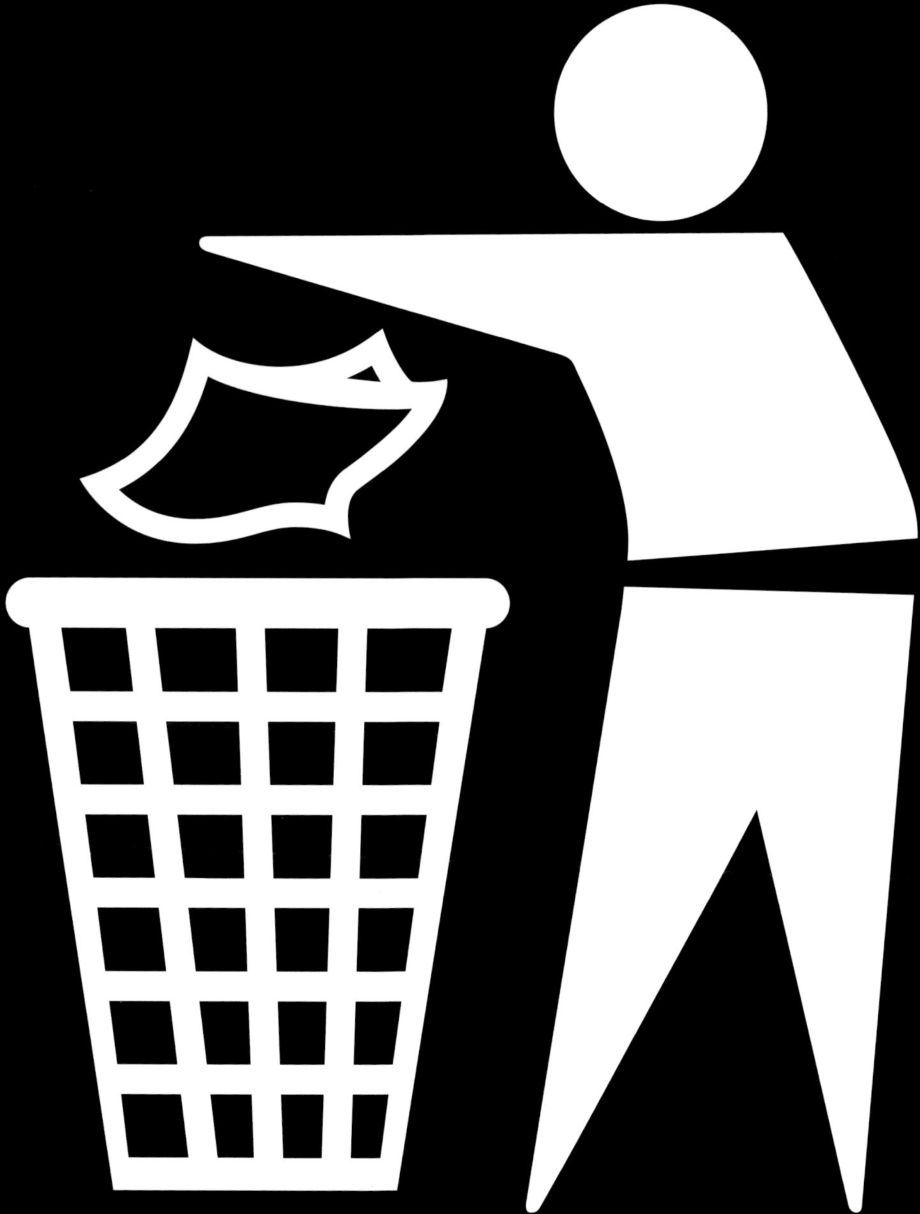

Legislação

Há leis que regem a exposição de certos tipos de informações nas embalagens – como pesos e medidas – e há órgãos, como o Food and Drug Administration norte-americano e o Medicines and Healthcare Products Regulatory Agency britânico, que regulam o que os fabricantes afirmam sobre certos tipos de drogas. Também há leis que regem o uso de idiomas nas embalagens. No Canadá, por exemplo, os produtos precisam conter informações em inglês e em francês para satisfazer as necessidades dos falantes das duas línguas no país. Além disso, há legislações de proteção ao consumidor que impõem regras determinando que os fabricantes exibam advertências relacionadas à saúde e outras informações, como o país de origem. O design da embalagem do maço de cigarros na página oposta é um excelente exemplo desse tipo de legislação.

Qualquer designer com o mínimo de profissionalismo conhecerá essas leis e terá a "proteção" do departamento jurídico de um cliente para verificar a legalidade de um design. Continua sendo importante manter-se em dia com as modificações nas leis, como aquelas que estão sendo introduzidas pela Therapeutic Goods Administration na Austrália, ou novas iniciativas governamentais, como a orientação à melhor prática sobre a rotulagem e a embalagem de medicamentos publicada em março de 2003 pelo departamento de saúde britânico.

Os designers também precisam estar cientes das leis de direito autoral que protegem a propriedade intelectual das empresas e das pessoas. Na sua publicação *A Guide to Brand Protection*, o British Brands Group descreve: "Marcas são o principal ativo de uma empresa, e a base dos negócios. Elas são a fonte de receitas e lucratividade e a chave para a prosperidade futura… Como as marcas são os ativos mais importantes de uma empresa, danos causados a elas resultam em perdas de reputação e lucratividade." Cada país tem leis que protegem os detentores dos direitos de propriedade intelectual.

Os direitos associados a uma marca abrangem suas marcas comerciais – como nomes ou palavras, letras e números, slogans, logotipos, imagens, cores, formas de embalagens, sons e cheiros – seus direitos autorais, designs, patentes e segredos de negócio. Um designer que infringe os direitos de uma marca não ficará impune – por exemplo, fazer com que uma marca pareça com outra existente – porque ele sofrerá todas as punições presentes na lei.

Os designers também são regidos por regras e convenções impostas pelos seus clientes. O exemplo mais óbvio de uma "regra" é a diretriz de uma marca que controla o uso apropriado e coerente da identidade visual de uma marca, mas as empresas também têm outras convenções que são automaticamente impostas. Um dos meus clientes, The Boots Company, insiste que o tamanho mínimo do texto permitido nas embalagens de medicamentos seja de seis pontos, em reconhecimento às deficiências visuais de alguns dos seus clientes mais idosos.

SURGEON GENERAL'S WARNING
Quitting Smoking Now Greatly Reduces Serious Risks to Your Health

Rótulos explícitos
Desde outubro de 2003, após a nova legislação no Reino Unido, advertências relacionadas à saúde ocupam 30% da frente e 40% do dorso dos maços de cigarro (à direita); enquanto nos EUA, em comparação, as advertências são comedidas (à esquerda).

Tar 11 mg
Nicotine 0.8 mg
Carbon monoxide 11 mg

Smoking kills

Anatomia

Todos os projetos de design de embalagens começam com o briefing, e o sucesso de um projeto muitas vezes está relacionado à qualidade do briefing inicial. Em 1985, quando comecei a trabalhar em publicidade na Ogilvy & Mather, participei de uma apresentação em que Norman Berry, diretor executivo de criação, comentou: "Dê-me a liberdade criativa de um briefing bem definido". John Simmons, no seu livro *The Invisible Grail* (2003) cita Douglas R. Hofstadter, cientista e intelectual: "Acho que o reconhecimento das restrições é, essencialmente, o segredo mais profundo da criatividade". David Gentleman repete isso em *Artworks* (2002), citando o provérbio chinês, "Toda pipa precisa de uma linha", para descrever o processo criativo baseado no autodomínio.

Todos os designers precisam conhecer os parâmetros dentro dos quais devem trabalhar – um bom briefing fornece isso. Quanto mais conhecemos a proposta de uma marca, seus valores e traços da personalidade, melhor. Quanto maior a percepção do mercado-alvo e das suas necessidades racionais e emocionais, melhor a capacidade de criar uma solução que repercuta na mente dos consumidores. Quanto mais conhecemos o posicionamento da concorrência e o ambiente no varejo, maiores serão as chances de criar uma solução verdadeiramente diferenciada.

Bons clientes fornecem briefings compactos. Maus clientes muitas vezes fornecem o oposto e utilizam o processo de design para experimentar e chegar a uma solução de design que eles acham que funcionará. Como resultado, o processo de design estende-se além do necessário. Um bom briefing de design "ancora" os designers a um conjunto de objetivos-chave e fornece um processo para avaliar a solução de design proposta. Ao fazer isso, um bom briefing também elimina uma das coisas tidas como o bicho-papão na vida de todos os designers – a subjetividade. Depois de participar de uma apresentação e ter um design rejeitado porque o cliente pensou que as cores escolhidas lembravam a bandeira britânica, entendo o quão frustrante a subjetividade pode ser. O bom design sempre exibirá seu verdadeiro valor, mas um briefing compacto dá suporte ao fundamento lógico de um designer para todas as decisões que ele tomou. Bons designers tomam essas decisões em resposta ao briefing, utilizam suas habilidades e experiência para, elegantemente, "considerar, avaliar, selecionar, organizar, enfatizar, simplificar, ordenar e adaptar-se às circunstâncias e ao controle". Essas decisões são a base desta seção.

O design é uma combinação da visão do designer e da expressão dessa visão utilizando alguns ou todos os elementos do design. Os elementos do design de embalagens dividem-se em elementos gráficos estruturais e externos; eles são então subdivididos em forma e função, materiais e acabamentos, branding e tipografia, imagens e cores. Em reconhecimento da importância dos dois componentes – design estrutural e elementos gráficos – a seção Anatomia foi dividida em duas. Dentro de cada subseção, foram escolhidos exemplos que ilustram a maneira como diferentes designers colocam em prática suas habilidades para satisfazer um briefing ou lidar com um objetivo específico. Em muitos aspectos, essa divisão é artificial porque o design estrutural e os elementos gráficos nunca podem ser vistos separadamente (é impossível criar um rótulo sem conhecer o tamanho e a forma da embalagem). Mas a estrutura do livro foi estabelecida pelo desejo de mostrar a multiplicidade dos elementos de design à disposição de um designer – sujeitos a restrições orçamentárias e de tempo – e a aplicação desses elementos de uma maneira coerente e ponderada.

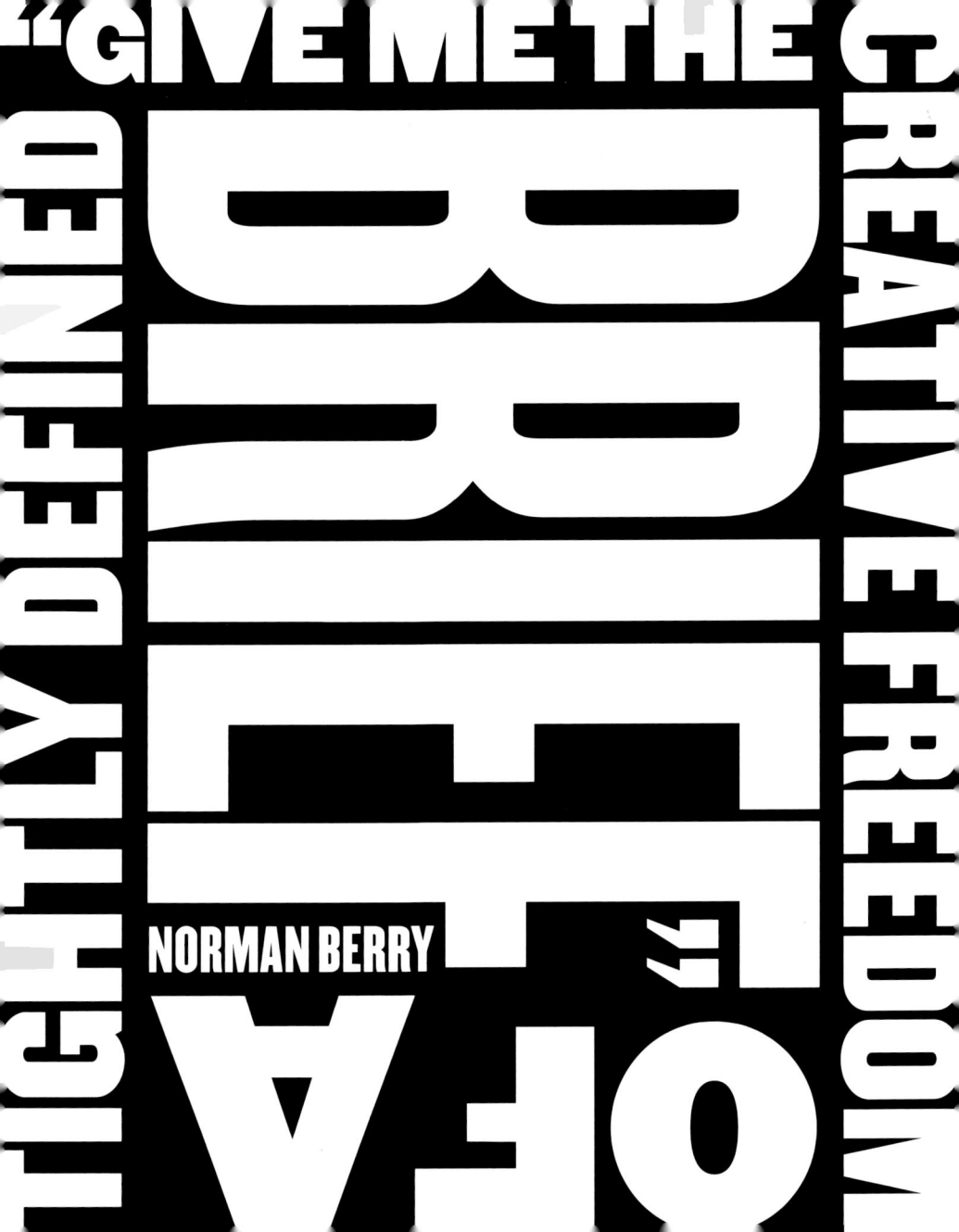

> "GIVE ME THE FREEDOM OF A TIGHTLY DEFINED BRIEF"
>
> — NORMAN BERRY

Design estrutural

O design estrutural abrange uma enorme diversidade de tipos de embalagens. Visite um supermercado ou hipermercado e você verá que a variedade dos formatos das embalagens é extraordinária. Em alguns casos, essa variedade deriva da multiplicidade de opções disponíveis para uma forma da embalagem, por exemplo garrafas, que têm diferentes tamanhos, formas, acabamentos e cores. Em outros, essa variedade simplesmente deriva da variedade de soluções para embalagens criadas para transportar, embalar, armazenar, proteger, exibir e identificar um produto.

O design estrutural é feito por designers especialistas que trabalham dentro de um grande estúdio de design, em que sua disciplina é uma parte de um serviço integrado; por designers que trabalham dentro da área de design tridimensional de produtos; e por designers contratados pelos fabricantes de embalagens, como produtores de caixas de papel-cartão. No último caso, o design muitas vezes é visto como um serviço de "valor agregado", criado para oferecer aos clientes soluções feitas sob medida às suas necessidades individuais.

Todos os designers estruturais essencialmente começam a partir do mesmo ponto — um conjunto de tarefas e objetivos sintetizados em um briefing. Seu trabalho é entender os requisitos do cliente e criar uma solução que responda a todas as questões — questões como transporte e armazenagem, manuseio de produtos, exposição e merchandising, seleção de materiais, considerações ambientais, engarrafamento ou empacotamento, matérias-primas, custos de produção e de transporte.

Muitos dos fatores que afetam o briefing de um design estrutural são complexos e exigem um conhecimento íntimo dos materiais, do comportamento e das tolerâncias, dos processos de produção e das tecnologias de embalagem. Em parte, esse conhecimento garante que sejam empregados os devidos cuidados, muitas vezes vitais ao se embalar produtos que podem ser potencialmente perigosos (como solventes) ou produtos que podem ser sensíveis a fatores ambientais como luz ultravioleta (medicamentos, por exemplo). Ele também é um modo de garantir que, quando os designers forem solicitados a criar formatos novos e inovadores, entenderão o que é e o que não é possível.

Em alguns casos, os designers estruturais respondem a dois tipos de clientes, aqueles responsáveis pelos aspectos "técnicos" de uma determinada parte da embalagem, muitas vezes conhecidos como "tecnólogos de embalagem", e os responsáveis pelos aspectos de "marca" de uma embalagem — gerentes de produto e de marca. Nesses casos, a tarefa do designer é alcançar um equilíbrio entre as preocupações desses dois tipos de clientes para produzir uma embalagem que, em última análise, atenderá às necessidades do usuário final, o consumidor. Os tecnólogos de embalagens estão invariavelmente preocupados com a adequabilidade entre produção e logística de uma parte da embalagem, enquanto um gerente de marca poderia muito bem tentar "ultrapassar os limites" a fim de alcançar o máximo impacto e diferenciação para uma marca. Esses dois objetivos não têm de ser mutuamente exclusivos, mas podem levar a algumas discussões interessantes.

Comecei apontando a escala do design de embalagens disponível atualmente, mas para ilustrar todos os tipos provavelmente seria necessária uma série de livros, não apenas um. Portanto, escolhi somente alguns formatos de embalagem para ilustrar as considerações e abordagens dos designers estruturais.

O livro como revelação
Este material publicitário de distribuição à imprensa criado para o José Eber Atelier reúne todas as informações sobre a nova linha de produtos para cabelos Biloure e sobre a principal loja da marca em Beverley Hills em um estojo de polipropileno. A escolha dos materiais e a idéia de revelação foram combinadas para produzir um efeito surpreendente. Design de 88phases.

Caixas de papel-cartão

As caixas de papel-cartão são uma das formas mais comuns de embalagem e são empregadas para embalar produtos tão diversos como alimentos congelados, cosméticos, produtos elétricos, medicamentos, doces e produtos para a casa. Seu design é influenciado pelo tamanho funcional, pela forma e pelos requisitos de durabilidade da embalagem, e também pelas considerações de marketing, como perfil da marca, exposição do produto e informações sobre suas características e benefícios.

Com alguns produtos, como gêneros alimentícios secos, a embalagem pode ser importante para o armazenamento, enquanto para outros, como alimentos congelados ou produtos de higiene pessoal, a embalagem pode ser descartada logo depois de ser aberta. Para produtos como materiais elétricos, o tamanho da embalagem pode ser determinado pela necessidade de proteger o produto. Para outros, o tamanho pode ser determinado pela embalagem secundária, como uma garrafa, na parte interna. O tamanho também pode ser determinado pela embalagem interna, como uma bandeja feita a vácuo, que mantém o produto na posição correta para melhor protegê-lo ou exibi-lo.

A forma de uma caixa de papel-cartão também pode ser influenciada pelo produto que ela contém ou pelo desejo de torná-la visualmente mais atraente na prateleira. Examine um display comum de ovos de Páscoa e você verá que o display do produto desempenha um grande papel na forma e estrutura da embalagem, até o ponto em que o produto muitas vezes parece pequeno demais em relação à sua embalagem.

Existem vários tipos de caixas de papel-cartão. O tipo SBS (*solid bleached board*) é um papel-cartão rígido, feito a partir de uma pasta branca, e costuma

Direita: A fragrância das imagens
Estes palitos de incenso, distribuídos na inauguração de uma rede de fast-food de culinária tailandesa, apresentam um elemento gráfico na lateral da caixa de papel-cartão que lembra a forma do macarrão. A inclusão de uma abertura na embalagem torna os bastões de incenso uma parte engenhosa desse recurso gráfico. Design de Duffy.

Abaixo: Guiado pela marca
As caixas de papel-cartão do *rack* para carros da Yakima são feitas de materiais e tintas recicláveis e contêm uma alta porcentagem de lixo reciclado para comunicar as responsabilidades ambientais da empresa. Com um design resistente para proteger o conteúdo, a embalagem foi projetada para reforçar a qualidade dos produtos e refletir a estética de design simples e utilitário da Yakima. Design de Duffy.

simply thai
incense

ser utilizado para cosméticos, produtos farmacêuticos e alimentos congelados. O tipo FBB (*folding boxboard*) é um papel-cartão flexível e costuma ser utilizado na embalagem de alimentos, enquanto o tipo WLC (*white-lined chipboard*) é um papel-cartão de baixa qualidade com revestimento branco que costuma ser empregado quando as camadas cinzas intermediárias do papel-cartão podem ficar visíveis. O tipo WLC não-revestido costuma ser utilizado para embalagens de caixas de sapatos, em que é coberto ou decorado. O papel-cartão corrugado normalmente é mais apropriado para transporte externo e acondicionamento em depósitos, onde sua estrutura o torna mais forte e resistente.

Alguns tipos de embalagens de papel-cartão são escolhidos porque se adaptam melhor ou porque transmitem as características certas de um produto. Eles também são selecionados porque têm um melhor efeito de impressão em processos de litografia ou gravura de alta velocidade. Também são mais adequados para corte e vinco de alta qualidade, o que é crucial em muitos sistemas automatizados de embalagem e manuseio empregados hoje em dia.

Caixas de papel-cartão também são tratadas de diferentes maneiras, dependendo do produto que elas conterão. Embalagens de papel-cartão que precisam ser resistentes à umidade ou protegidas do calor podem ser revestidas com polietileno ou cera. O papel-cartão pode ser revestido com papel-alumínio para criar uma barreira resistente à umidade.

Alternativamente, o papel-cartão pode ser tratado para aprimorar a sua aparência ou tato. O revestimento de argila dá ao papel-cartão um acabamento de alto brilho, reduz o consumo de tinta e aprimora a qualidade da impressão. De maneira semelhante, as embalagens de papel-cartão podem ser tratadas para adicionar experiência visual e multissensorial (consulte a página 154).

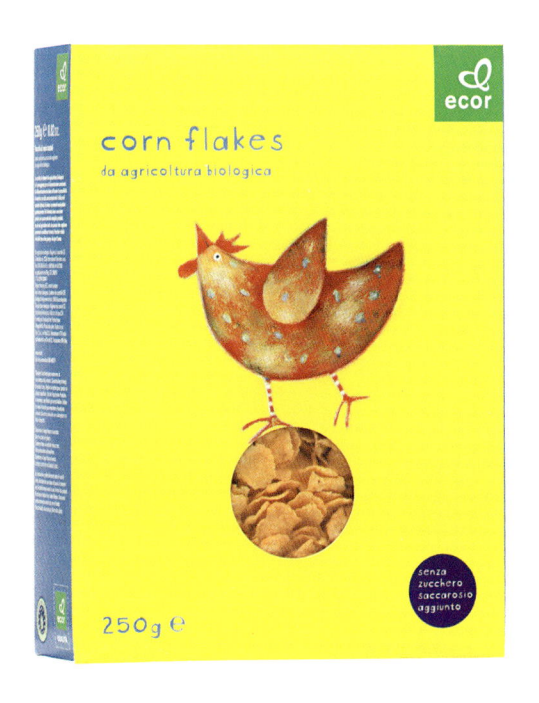

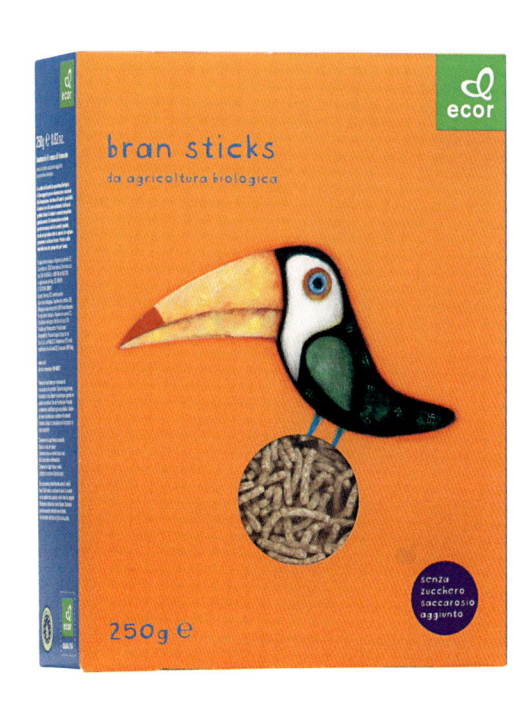

Esquerda:
Sacolas de qualidade
Tudo na aparência, na construção, na escolha de materiais, no acabamento e no toque das caixas produzidas para a linha de produtos da Jaspe Conran transmite o valor e a qualidade dos próprios produtos. Design de Lewis Moberly.

Direita:
Perfeitamente ilustrado
A linha de cereais da Ecor – com destaque para as ilustrações vivas e bem-humoradas criadas pela ilustradora italiana Alessandra Cimatoribus – combina a exposição do produto com o recurso das ilustrações para ser visto como divertido e envolvente pelo mercado-alvo desses produtos, as crianças. Design de Metalli Lindberg.

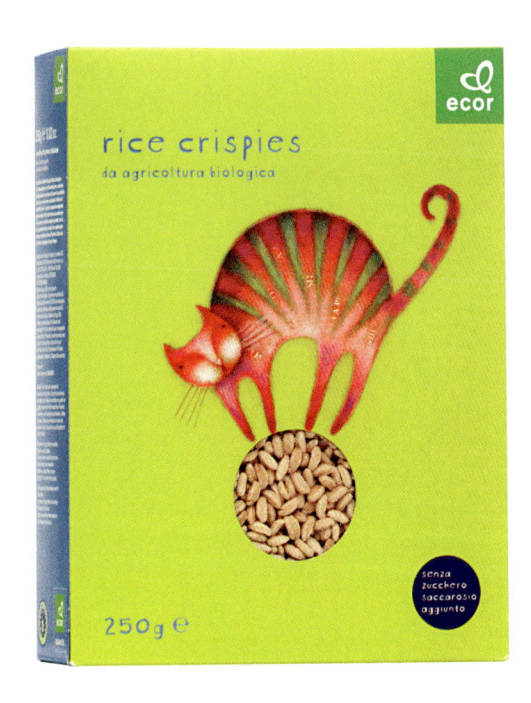

Caixas de papel-cartão 75

Garrafas

Segundo o Institute of Packaging britânico, o vidro foi descoberto pelos habitantes da Mesopotâmia e os primeiros vasos de vidro datam de 1.500 a.C. Ao longo dos séculos, à medida que a produção de vidros ficou cada vez mais sofisticada, ele tornou-se o material padrão para garrafas. Uma combinação de areia, cal, carbonato de sódio e alumina, o vidro pode ser moldado em diferentes formas e tamanhos.

No século passado, a supremacia do vidro como o material preferido para garrafas foi desafiada pela invenção de novos plásticos e novos métodos de produção, como extrusão por sopro e moldagem por injeção. Esses termoplásticos incluem polietileno de baixa densidade (LDPE), polietileno de alta densidade (HDPE), polietileno de baixa densidade linear (LLDPE), polipropileno (PP), policloreto de vinila (PVC) e poliéster (PET). Cada um tem qualidades distintas e, normalmente, é empregado em diferentes tipos de embalagem. Por exemplo, o HDPE, que é um plástico mais rígido e opaco com um acabamento duro, costuma ser utilizado para garrafas que armazenam produtos químicos residenciais, como água sanitária. O PET costuma ser utilizado para garrafas de bebidas, e tem transparência e clareza que rivalizam com o vidro.

A preferência dos designers por vidro ou plástico é influenciada por vários fatores. Em alguns casos, o vidro precisa ser utilizado. Garrafas de produtos farmacêuticos precisam ser lavadas e esterilizadas, utilizando vapor ou secagem por calor, e, nesse caso, os plásticos seriam distorcidos se submetidos a esse tratamento. Alguns produtos como cerveja precisam ser pasteurizados, portanto, também exigem vidro, assim como frutas e legumes em conserva. Os contêineres de alguns produtos, como pasta de amendoim, precisam ser enchidos enquanto o produto está quente, pois no estado frio eles são muito sólidos.

Em outros casos, o custo será o principal determinante, caso em que os plásticos podem ou não ser utilizados. Com mercadorias de consumo de grande saída, controlar o custo da embalagem é extremamente importante em áreas sensíveis ao preço em que as margens do varejista e a atividade da concorrência podem afetar o preço de varejo recomendado. Em outras áreas, como bebidas destiladas finas, o plástico simplesmente não tem a mesma qualidade que o vidro, fazendo com que o produto pareça ter baixa qualidade aos olhos dos consumidores.

A segurança do produto também é extremamente importante na seleção de materiais. Em muitos casos, a fragilidade do vidro torna-o inadequado para produtos para banho, assim como ocorre com alguns produtos para bebês.

Abaixo: Identidade esculpida
Essa garrafa especialmente criada para a O+ inclui um gargalo esculpido que reflete, e por isso reforça, a identidade da marca. A garrafa e os elementos gráficos combinam-se para criar uma aparência inimitável. Design de Blackburns.

Direita: Design com pedigree
A qualidade do uísque da Dewar é transmitida pelo design único da garrafa. A forma escultural e o visual diferenciado a transformam em um item orgulhosamente exibido no bar do consumidor. Design de Tutssels Enterprise IG.

Dewar's
FINEST SCOTCH WHISKY

40%vol 75cl

Além da seleção dos materiais, os designers podem influenciar as decisões de compra dos consumidores explorando integralmente a forma de uma garrafa ou pote e utilizando todo o espectro de cores à sua disposição. Formas e cores podem influenciar a percepção dos consumidores em relação à qualidade, desejabilidade, proveniência, relevância e uso de um produto. A forma, como no caso do Live Like This (à direita), também pode contribuir para a comunicação da diferença de uma marca. Em algumas áreas, como de perfumes e fragrâncias, a forma da garrafa é o elemento de definição da marca — o que transforma um líquido perfumado colorido em um produto de valor e de classe.

Abaixo, à esquerda:
Duzentos anos de história
Para celebrar o 200° aniversário do uísque Jim Beam, o estúdio Duffy criou uma garrafa para o bourbon comemorativo da marca. A garrafa é original não apenas por sua forma, mas também pela tampa giratória.

Abaixo, à direita:
Nata da sociedade
O azul diferenciado do Harveys Bristol Cream deriva do vidro Bristol Blue, existente apenas na cidade de Bristol desde o final do século XVIII. Design de Blackburns.

Furos certos
O orifício na embalagem foi originalmente criado para que os consumidores pudessem pendurar os produtos durante o banho – e isso acabou dando à marca um elemento de diferenciação e criando um visual que também serve para enfeitar o banheiro. Design de Natural Products Ltd.

Bisnagas

Bisnagas são feitas de metal ou de plástico. No passado, bisnagas metálicas eram feitas de estanho, chumbo e ligas de estanho e chumbo, mas atualmente o metal comumente utilizado é o alumínio. Embora o fluxo do processo de produção para bisnagas metálicas oriente sua forma, seu tamanho e o conservadorismo de seu design, os novos avanços tecnológicos no setor de bisnagas plásticas propiciaram o desenvolvimento de novas formas, incluindo extremidades contornadas.

Bisnagas ilustram uma área do design de embalagens em que os designers têm de tirar o máximo proveito das restrições do formato, seja no design da própria bisnaga, seja na maneira como os elementos gráficos são aplicados. O design da embalagem física poderia equivaler a apenas criar uma nova tampa ou selecionar uma nova cor ou acabamento. No caso dos elementos gráficos, eles podem ser determinados pelas limitações do processo de impressão.

Bisnagas metálicas utilizam um processo de impressão chamado impressão em offset seco, em que o desenho é transferido cor por cor para um cilindro de borracha que é rolado sobre a embalagem em uma só passada. Como resultado, esse processo não reproduz bem os meios-tons. Bisnagas plásticas são impressas de duas maneiras: bisnagas laminadas são impressas enquanto o plástico ainda está plano, utilizando um processo offset, e ganham forma depois da impressão. Esse processo permite processos em quatro cores e cores especiais e acabamento, como estampagem laminada fria. Além disso, estações extras podem ser adicionadas às máquinas de impressão para que processos como a serigrafia de cores opacas e chapadas possam ser adicionados. Bisnagas co-extrudidas são mais limitadas porque são formadas e impressas simultaneamente, como ocorre com as latas de alumínio. Portanto, entender como uma bisnaga será fabricada terá um efeito sobre a complexidade e o tipo de design escolhido.

Direita: Hippie-chique
Para mim, essa bisnaga é um casamento perfeito entre a forma física e a impressão dos elementos gráficos. Ela chama a atenção e sintetiza perfeitamente a personalidade da marca. Outro detalhe, a tampa da bisnaga (tanto seu design como as cores) também desempenha um papel fundamental na criação da aparência geral. Design de Christophe Linconnu.

Páginas 82-83, a partir da esquerda: Produtos para os cabelos
Quatro bisnagas que utilizam diferentes formas e elementos gráficos. O Synergie Aqua Wash, da Garnier, é impresso diretamente sobre o polietileno, ao passo que Charles Worthington e Umberto Giannini empregam rótulos aplicados. Enquanto Charles Worthington opta por uma solução baseada em uma tipografia de impacto, Umberto Giannini tira proveito do acabamento superior da impressão do rótulo para alcançar uma aparência altamente sofisticada. Em oposição, o Zirh opta por explorar "o estado natural" da bisnaga metálica e o processo de impressão tipográfica para alcançar uma aparência moderna e eficaz. Criados, da esquerda para a direita, pelos estúdios Synergie, Kate Shaw, Umberto Giannini Hair Cosmetics Company Design Team e Heads Inc.

ESCADA
IBIZA HIPPIE

Bath and Shower Gel
Gel de Bain Moussant
5.1 FL OZ / 150 ML ℮

GARNIER
SYNERGIE
Aqua wash
Gentle cleansing
facewash
with extract of iris
dermatologically tested

IN
charles worthington
FASHION
get shaggy
'rough-and-ready' styling gel
Net 3.4 fl.oz 100 ml e

GYPSY CURL SCRUNCHER
UMBERTO GIANNINI

Hair
Look
Product
Method
Stylists tip

ZIRH
PROTECT
FACIAL MOISTURIZER
WITH SPF 8
CRÈME HYDRATANTE POUR LE
VISAGE AVEC ÉCRAN SOLAIRE FPS 8
4 Fl Oz / 118 mL

Latas

As latas foram desenvolvidas e primeiramente utilizadas durante as Guerras Napoleônicas (1803-15) e, desde então, a sua produção tornou-se uma indústria sólida. Em 2001, o mercado europeu de bebidas atingiu 38 bilhões de latas e continua a crescer estimulado pelos novos mercados como o da Europa Oriental, onde o uso de estanho aumentou de 280 milhões em 1995 para 2,4 bilhões em 2001.

As latas são amplamente utilizadas para alimentos e bebidas, e são produzidas a partir de vários materiais. A folha-de-flandres consiste em uma folha de aço laminada com baixo teor de carbono e revestida, em ambas as faces, com estanho. A espessura do revestimento pode ser alterada para que as latas para produtos altamente corrosivos possam ter uma camada interna mais grossa, ficando protegida do ataque químico do próprio produto.

A chapa protetora (*backplate*) é uma folha-de-flandres sem o estanho. Como pode oxidar facilmente, a chapa protetora tem aplicações limitadas, sendo freqüentemente utilizada para produtos como óleos e graxas. O aço sem estanho é a folha de aço de espessura média com outro revestimento que não o estanho. Ele foi desenvolvido como reação ao custo mais alto do estanho e normalmente emprega um composto baseado em cromo. Esse formato, porém, tem limitações, uma vez que não pode ser soldado ou emendado facilmente.

O alumínio é comumente utilizado para certos tipos de produtos, como bebidas. O material é protegido contra corrosão por uma fina camada de óxido formada sobre o metal quando exposto ao ar. Como ocorre com o aço sem estanho, o alumínio não pode ser facilmente emendado ou soldado e é essencialmente utilizado em latas com sistema "abre-fácil".

As latas são produzidas por diferentes métodos. Latas de três partes (tampa, corpo e fundo) com emenda são produzidas com três tipos de metal, moldadas na forma desejada e então soldadas. Normalmente, elas são fornecidas abertas ao fabricante do produto para que possam ser enchidas, e então as tampas separadas são anexadas.

Latas de duas peças (corpo e tampa) foram desenvolvidas na tentativa de reduzir a quantidade de materiais utilizados, e são o tipo de lata de maior custo. Elas são produzidas em aço ou alumínio utilizando dois métodos: latas DWI (*drawn and wall-ironed*), produzidas a partir da estampagem e estiramento do corpo; e latas DRD (*drawn and re-drawn*), produzidas a partir de processos sucessivos de estampagem de uma peça circular do material metálico. Latas DWI normalmente são utilizadas apenas para bebidas gasosas, porque as paredes laterais da lata tornam-se bem finas durante o processo de fabricação. Os gases utilizados nas bebidas gasosas fornecem a pressão interna que suporta a lata. Como resultado, quando a lata está vazia ela pode ser amassada facilmente.

Direita: Composição em duas partes
Um exemplo típico de uma lata de alumínio de duas partes sem emenda que pode ser aberta puxando-se um anel. Os fortes elementos gráficos ilustram bem o foco do designer na parte da frente, mais exposta. Design de Mutter.

Esquerda: Aço sólido
Feita de aço reciclado, esta lata é um bom exemplo do seu tipo. Resistente, estável e com um bom tamanho de abertura, ela desempenha bem sua função. Design de Jones Knowles Ritchie.

Cab
COLA & BEER
FLAVOURED WITH
DRAGONFRUIT

O processo de produção de latas DRD permite que o metal seja impresso em uma folha plana antes de ser moldado. Por conta do processo envolvido, porém, o design precisa ser distorcido de modo que a imagem apareça corretamente quando a lata é formada.

Certas latas, como aerossóis de alumínio, utilizam um processo de extrusão por impacto. Durante o processo de fabricação, o topo é criado para dar forma e dimensões corretas necessárias para fornecer uma boa vedação à válvula que será aplicada. A grande vantagem das latas DWI, DRD e das latas extrudadas é que elas não têm emendas laterais e apresentam uma aparência "mais limpa", permitindo que o design envolva toda a lata.

Para um designer que trabalha com latas, obviamente é importante entender o processo de produção e o impacto que ele terá sobre o design e sua reprodução. Em um nível simplista, também é importante entender como o perfil da lata, a área visível na prateleira, afetará a maneira como o design é aplicado. Alguns tipos de estanho, como aqueles que contêm tintas em spray, também são expostos em máquinas de venda automática – conseqüentemente, é vital entender quanto da lata permanece visível ao consumidor e criar o design de acordo.

O tamanho, a forma e o acabamento das latas podem ter um impacto enorme sobre as percepções dos consumidores em relação a um produto, e os designers têm um papel a desempenhar na seleção de formatos que dão suporte à definição de uma linha de produtos e à proposição da marca. Em 1998, a Sapporo, uma das marcas de cerveja mais antigas no Japão, lançou um tipo de cerveja em lata em uma forma diferenciada, com um anel que removia toda a tampa. Essa lata tornou-se instantaneamente um excelente modelo para recipientes de cervejas. A novidade do formato tornou-a um sucesso e fez com que a Sapporo tivesse a aparência de uma marca contemporânea para os jovens.

Fabricantes de latas também se concentram no desenvolvimento de novos produtos, não apenas para que possam descobrir formas mais baratas e eficientes de produzir latas, mas também para desafiar a percepção dos consumidores em relação ao formato. No Reino Unido, a Sainsbury's criou, com sucesso, uma lata quadrada para sua marca de sopa de tomate. Outros fabricantes também estão desenvolvendo novos acabamentos e formatos. A marca de bebidas Baileys adicionou brilhos ao revestimento das latas de natal e a Nescafé lançou uma lata que pode ser aquecida. A ICI introduziu um novo anel interno revestido com plástico para evitar a corrosão da tampa e da área do anel nas suas latas de tinta Once.

Direita: Objeto de desejo
Bastante tempo foi investido para tornar a linha de produtos para banho da marca norte-americana Benefit desejável e funcional. O acabamento metálico e a sofisticação da tampa aumentam a percepção dos consumidores em relação ao produto. Design de Benefit's Company Design Team.

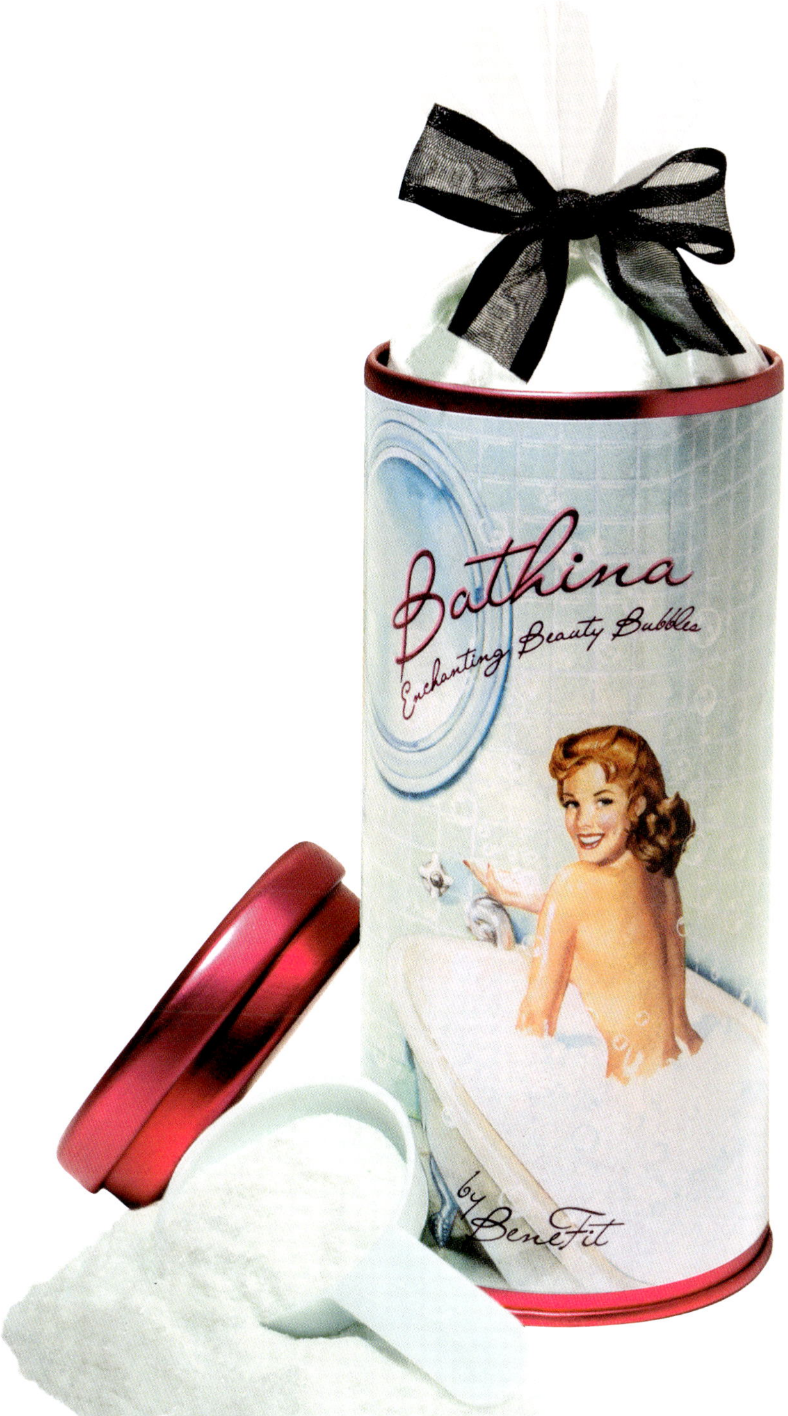
Bathina
Enchanting Beauty Bubbles
by BeneFit

Tubos e potes

Tubos e potes são utilizados como embalagens em todos os setores: desde medicamentos e gêneros alimentícios até produtos do tipo "faça você mesmo" e artigos para a casa. É em tubos e potes que encontramos nossos remédios, geléias de frutas e também cremes-base e máscaras faciais.

A variedade de formas e tamanhos utilizados nos tubos e potes é enorme, assim como é o espectro de tampas – tampas invioláveis, tampas metálicas e tampas plásticas. Essa é uma área da embalagem em que os fabricantes fornecem constantemente aos proprietários de marcas novas maneiras de apresentar os produtos, de posicionar as marcas e de diferenciarem-se da concorrência. Como um fabricante afirma em sua publicidade, "Inspiração, excelência em design e perícia em negócios são direcionadas para um objetivo: fornecer embalagens para cosméticos inspiradas nas tendências, pautadas pelo gosto e personalizadas para sua marca."

O design e a seleção de tubos e potes são influenciados por fatores como preço, formato e estabilidade do produto, definição de uma linha de produtos, setor de mercado e uso do produto. Do mesmo modo, a criação desses formatos é afetada por vários fatores que podem determinar se vidro ou suporte plástico será utilizado ou se acabamentos como esmaltamento, metalização, envernizamento, ionização ou laqueamento serão aplicados.

Essa é também uma área em que as diferenças são medidas em grandes e pequenos incrementos. Um tubo pode conter uma nova tampa, ou uma sobretampa, desenvolvida com um design ligeiramente modificado para refletir o visual de uma nova estação. Inversamente, um tubo ou uma tampa completamente novos podem ser desenvolvidos de modo bem diferente.

Independentemente da extensão dessas diferenças, elas afetam a percepção dos consumidores quanto à relevância, usabilidade, conveniência dos produtos e compatibilidade com um estilo de vida.

Direita: Pilha com estilo
Estas sombras de olho encaixam-se perfeitamente uma na outra, sendo fácil mantê-las como uma unidade. Elas ilustram o cuidado e a atenção que compõem a seleção de formatos, tamanhos, materiais e acabamentos para produtos cosméticos. Design de Michael Nash Associates.

Abaixo: Design vitaminado
As novas formas inovadoras dos tubos – que diferenciam claramente as vitaminas Superdrug de outros produtos da concorrência – foram criadas para facilitar aos idosos abrir as embalagens "resistentes a crianças" e permitir que os consumidores pendurem os produtos em pontos visíveis na casa. Design de Turner Duckworth.

RUBY & MILLIE
RUBY & MILLIE
RUBY & MILLIE
RUBY & MILLIE
RUBY & MILLIE
RUBY & MILLIE

Conservas continentais
Para diferenciar estas geléias na prateleira, reforçar sua origem da Europa continental e sugerir a qualidade do produto, a Waitrose escolheu estes potes com alças originais e tampas pretas. Design de Lippa Pearce.

WAITROSE
SOFT SET
Apricot Extra Jam
FRESH FRUIT
CONTINENTAL CONSERVE
WAITROSE
SOFT SET
Strawberry Extra Jam
FRESH FRUIT
CONTINENTAL CONSERVE

Multipacks

Em algumas áreas, como de lacticínios, enlatados e bebidas, os produtos são vendidos em multipacks, tanto de embalagens práticas com vários itens como de embalagens promocionais. Isso pode significar que produtos individuais são agrupados e colocados em diferentes tipos de embalagens ou caixas de papelão, ou que são especificamente fabricados como um conjunto. Cada um traz novas oportunidades e novos desafios de design.

Produtos como multipacks de iogurtes são ou acondicionados em uma bandeja de papel-cartão, ou a própria embalagem é moldada em conjuntos de quatro, seis ou mais potes, com uma membrana vedante que se estende por toda a embalagem. Uma área de exposição mais ampla possibilitada por uma membrana maior dá aos designers mais oportunidades para a comunicação da marca e do produto – e aumenta o impacto no ponto-de-venda, desde que sejam obedecidas "regras" de identificação do produto individual, de modo que os consumidores saibam que sabor está em cada pote.

Produtos como bebidas são acondicionados em multipacks utilizando invólucros, caixas e bandejas, e esses formatos normalmente dão aos designers uma oportunidade de criar um perfil mais amplo da marca do que a bebida individual permite. Isso também significa que outras "histórias" sobre o produto podem ser contadas por meio de palavras e imagens.

Abaixo e à direita:
Múltiplas opções
Duas abordagens ao processo de embalagem de garrafas de cerveja, uma caixa e um invólucro de papel-cartão. Ambas criadas pelo estúdio Wertmarke.

Multipacks 93

Formador de personalidade

A Brewerkz é uma microcervejaria de Cingapura com uma clientela eclética que gosta de saber que tipo de cerveja está bebendo. As ilustrações em cada um dos diferentes rótulos destacam a personalidade de cada cerveja e são uma característica do visual da marca. Elas também são apresentadas como um grupo na embalagem de seis garrafas da Brewerkz, em um design cuja elegância se baseia na estreita paleta de cores e na sua simplicidade. Design de Saatchi & Saatchi Singapore.

330ml

Brewerkz

4.5-6.5% ALC

Embalagens clamshell e blister

Apesar da irritação dos consumidores, alguns formatos de embalagem são mais utilizados por sua eficiência na proteção, no transporte e na exposição do produto. Poucos consumidores gostam de embalagens do tipo clamshell, porque elas são difíceis de abrir. Normalmente feita de duas partes moldadas que são coladas depois que o produto é inserido, a rigidez de uma embalagem clamshell e o formato vedado torna a sua abertura difícil para a maioria das pessoas.

Mas a transparência dessa embalagem é um meio muito eficiente para exibir um produto sem obstruções. Assim, o produto não precisa ser fotografado, uma vez que os consumidores podem vê-lo. Além disso, a rigidez das embalagens clamshell protege o transporte dos produtos e evita que clientes removam-no ilegalmente das embalagens. A inclusão de um furo expositor (euroslot) no topo da embalagem clamshell também torna esse formato muito fácil de exibir em uma ampla variedade de ambientes de compras.

O desafio do formato clamshell para os designers é garantir que ele desempenhe as funções de proteção e exposição apropriadamente e, ao mesmo tempo, minimize o uso de materiais e a área ocupada no display. Esse formato normalmente reduz a área dos elementos gráficos a um mínimo, sejam eles impressos sobre o plástico da embalagem clamshell ou no cartão de suporte.

Página ao lado: Comunicação do produto
Essas embalagens do tipo clamshell ilustram graficamente como o formato foi explorado para exibir o próprio produto, suas características e suas vantagens. As Leatherman Tools são as originais "ferramentas para toda obra", e isso é sucintamente ilustrado no cartão de suporte. A sistematização por trás do design também ajuda os consumidores a comparar os produtos e selecionar a configuração correta das ferramentas. Design de Hornall Anderson Design Works.

Direita: Atração animal
Nessa ilustração do tipo blister, o designer considerou a embalagem e o produto como elementos integrados. Os designs impressos nas pilhas continuam na parte de trás, criando designs que atraem a atenção das crianças e ficam na sua memória ("Mamãe, podemos comprar pilhas com vaquinhas?"). Design de Lewis Moberly.

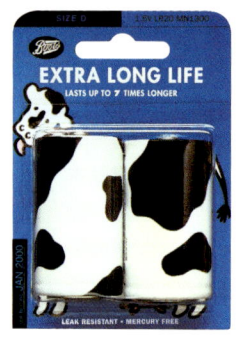

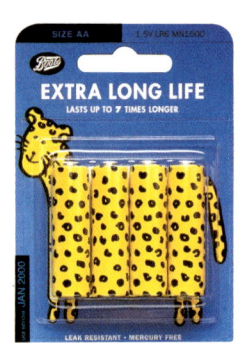

THE ORIGINAL LEATHERMAN

25 YEAR GUARANTEE
100% STAINLESS STEEL

SIDECLIP

FEATURES
- Needlenose Pliers
- Regular Pliers
- Wire Cutters
- Hard Wire Cutters
- Clip Point Knife
- Serrated Knife
- Diamond-Coated File
- Cross-Cut File
- Wood Saw
- Scissors
- Extra Small Screwdriver
- Small Screwdriver
- Medium Screwdriver
- Large Screwdriver
- Phillips Screwdriver
- Can/Bottle Opener
- Wire Stripper
- Lanyard Attachment

PREMIUM LEATHER SHEATH INCLUDED

BLADES FANNED OUT

THE DIFFERENCE:

Wave features access to four locking blades from the closed position. Both knives open with one hand. Smooth, rounded handles make it a pleasure to hold. Wave's got a bold new look, and it's

ONE-HANDED LOCKING KNIFE BLADES

ONE TOOL. A COUPLE THOUSAND USES.

MADE IN U.S.A.

Embalagens do tipo skin e blister têm algo em comum: ambas utilizam papel-cartão como o suporte para a embalagem. Fora isso, elas são diferentes. Com a embalagem do tipo skin, o papel-cartão poroso tem um revestimento termo-selado, o que permite que a película plástica – que é aquecida e então esticada sobre o produto – seja colada ao papel-cartão. Muitas vezes, o papel-cartão é perfurado para facilitar o fluxo de ar. Já que o próprio produto funciona como molde para o PVC ou a película de revestimento de ionômero, a mesma máquina de embalagem pode ser utilizada para produtos com diferentes formas em uma mesma passagem pela máquina.

A embalagem do tipo blister é diferente pelo fato de que a bolha (blister) para o produto é pré-formada com um molde. A bolha é colada ao papel-cartão de suporte utilizando selagem a quente ou grampeamento. Às vezes, a embalagem blister tem bordas viradas para que deslize sobre o papel-cartão, o que, por sua vez, facilita a remoção do produto.

Tanto nos formatos skin como blister, o papel-cartão de suporte é o principal veículo de design. Papéis-cartão de suporte podem ser cortados com a forma desejada utilizando facas, assim, esse elemento do design pode ser alterado, embora a área gráfica da superfície seja determinada pelo espaço deixado depois de considerados a embalagem blister, o produto e o furo expositor como um todo.

Direita: Vantagens transparentes
Essas embalagens do tipo clamshells são exemplos muito "puros" da forma. A exposição do produto é maximizada, enquanto as informações são impressas de maneira simples e direta sobre o acetato. Normalmente, embalagens clamshell envolvem alguma forma de encarte impresso em papel-cartão, ocupando todo ou parte do espaço interno. Design de Sayuri Studio.

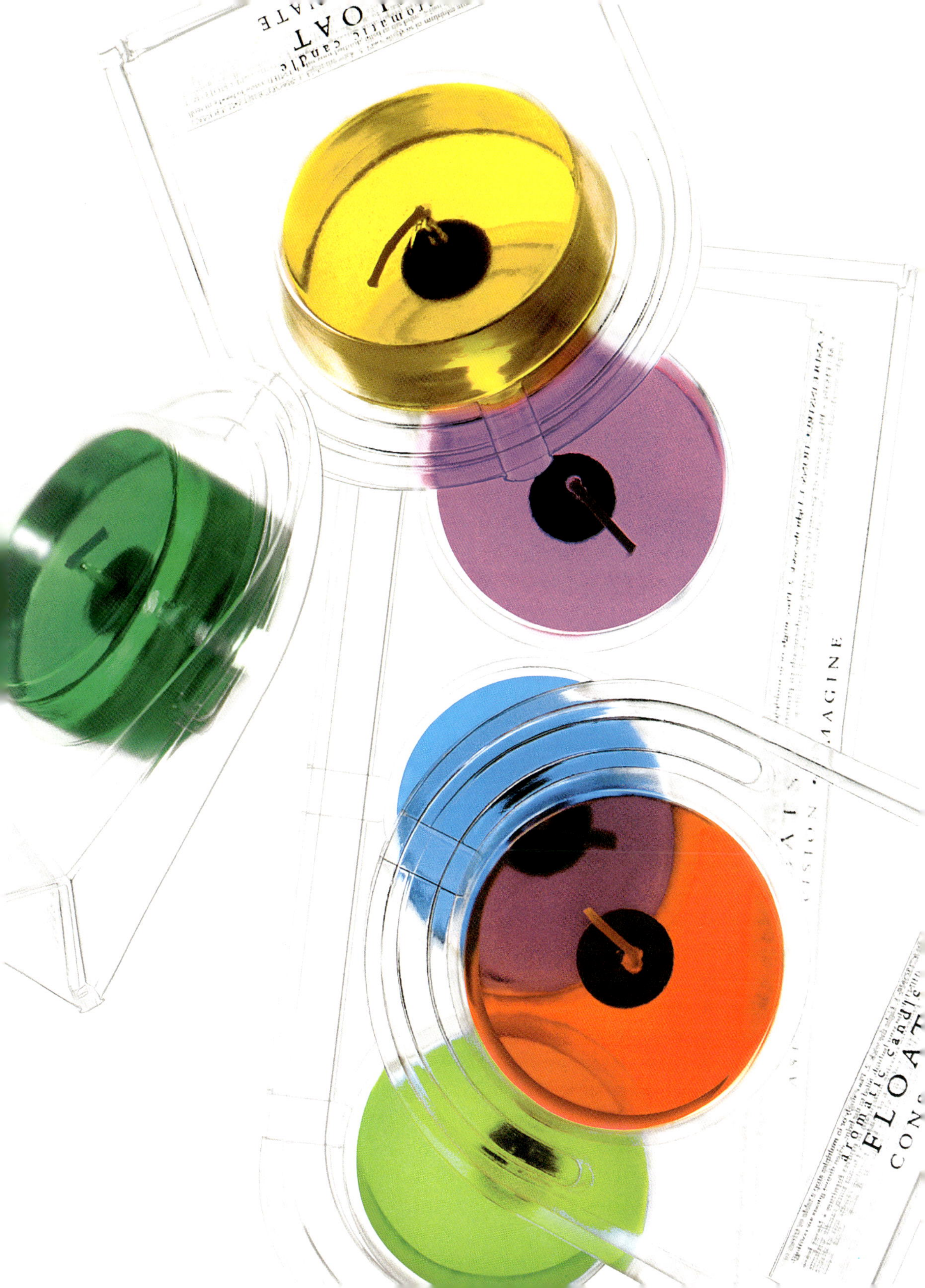
FLOAT
aromatic candle

CDs

Os CDs são um fenômeno interessante no design de embalagens, porque os designers não apenas começam com um formato predefinido, como também trabalham com uma taxa de compra/uso um pouco diferente de outras embalagens. O que está predefinido até certo ponto é o formato do estojo do CD. A maioria dos CDs vem embalada em um estojo, independentemente de o álbum ter um ou dois discos; a maioria também contém um livreto ou encarte, enquanto alguns também contêm um estojo deslizante. O desafio para os designers, dada certa liberdade do ponto de vista do design de toda a embalagem e não apenas dos elementos gráficos, é contentar-se com a limitação e encontrar novas maneiras de fazer com que o formato funcione.

A diferença na taxa de compra/uso reside na maneira como compramos CDs. Dado o "produto" (música), é discutível se uma pessoa compraria um CD apenas por causa da embalagem. Além disso, a embalagem de CDs é diferente de outros tipos de embalagem que informam o consumidor sobre as características e vantagens de um produto. De fato, o livreto e o encarte de um CD revelam a lista de músicas e as características do CD, mas a maioria dos CDs é criada para identificar o novo lançamento de uma banda ou artista e revelar informações sobre eles em um nível mais emocional.

Parte disso acontece no ponto-de-venda, onde o consumidor pode ver a parte da frente e o verso do CD embalado, mas a maior parte acontece na pós-compra, no conforto do nosso lar. Aqui, o design de embalagens reforça a nossa percepção sobre a banda ou artista, revela algo de sua personalidade, trabalhos anteriores, interesses, influências e futilidades. Às vezes, o design contribui para o "relacionamento" que temos com um determinado grupo ou cantor, uma

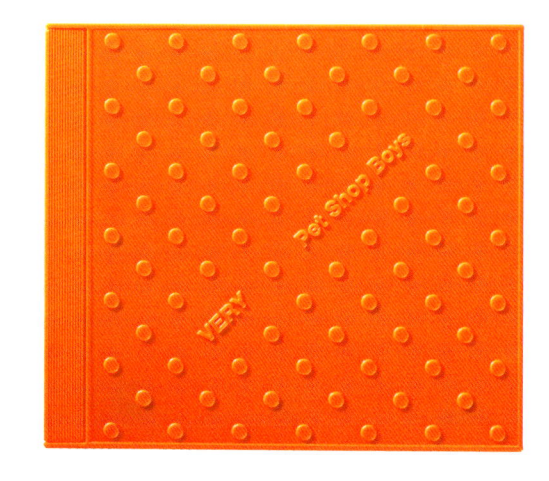

Acima: "Very" visível
O objetivo do design para o álbum *Very* do Pet Shop Boys foi desenvolver uma nova identidade para uma caixa de CD que a tornasse mais acessível e diferenciada em um mercado competitivo. A solução do design, com o estojo laranja, opaco e texturizado, possibilitou a criação de uma estante com uma cor uniforme no ponto-de-venda e de uma lombada facilmente identificável. Design de Pentagram.

Direita: Contato visual
Uma capa simples em acetato, impressa com listras finas, faz David Byrne parecer piscar e transforma esse estojo de CD em uma embalagem atraente. Como Tim Hale da revista britânica *ID* afirmou, "Isso é impressionante em um ambiente de varejo". Design de Doyle Partners.

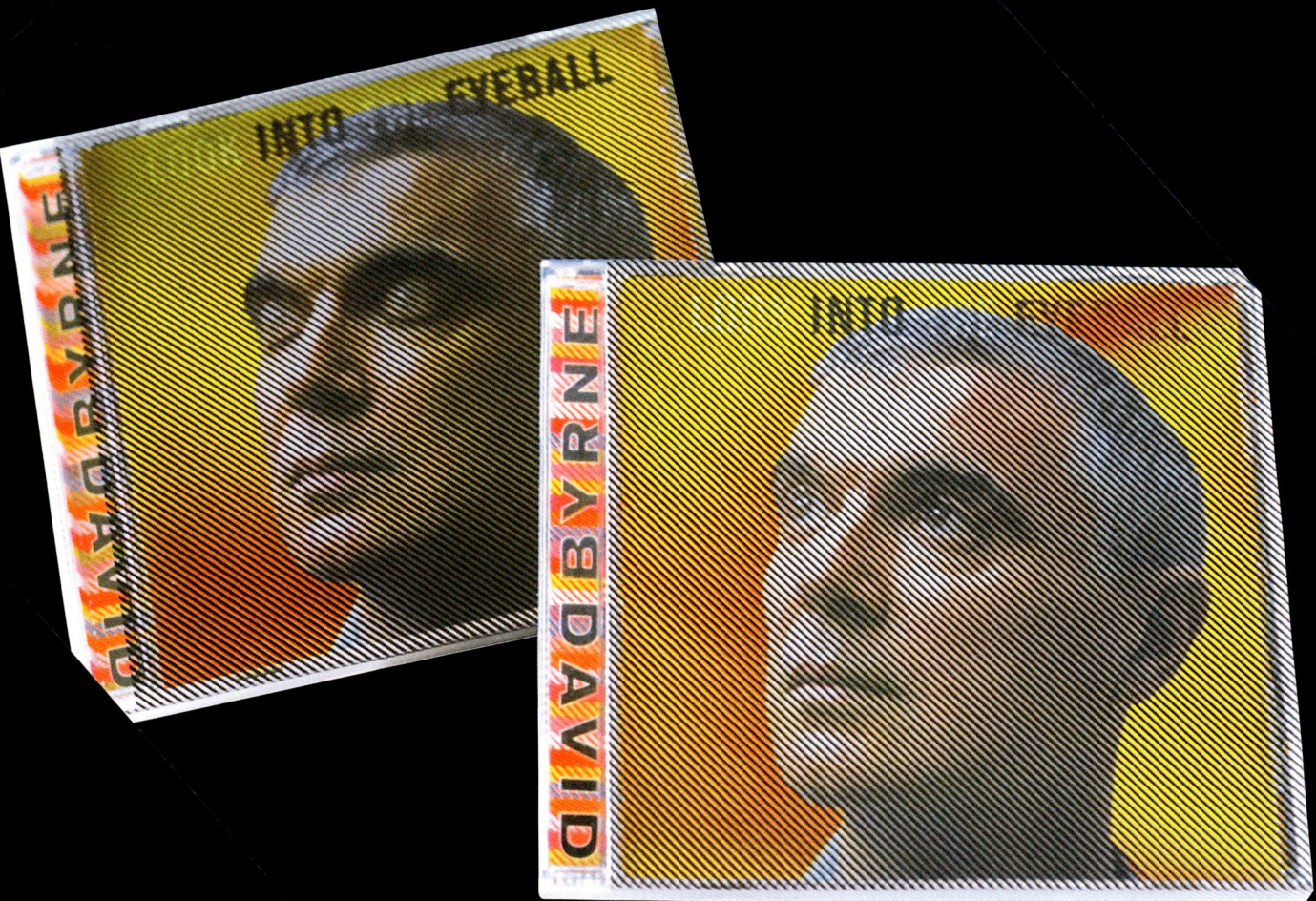

DAVID BYRNE
LOOK INTO THE EYEBALL

sensação de compatibilidade, de prazeres compartilhados. Estojos de CDs são aparentemente diferentes porque na capa não há regras, não há características definidoras do setor nem pré-concepções de consumidor a explorar. Mesmo assim, faça uma pesquisa em uma grande loja de CDs e você descobrirá algumas semelhanças de linguagem de design para rock, reggae, rap, heavy metal, world music, country, jazz, música clássica etc. Aprender uma "linguagem" não é tão simples nem tão complicado.

Abaixo: Design não-poético
Numa referência ao título do álbum, *Fantastic Spikes Through Balloon* ("furos fantásticos no balão"), Stefan Sagmeister fotografou todos os objetos parecidos com balões que ele podia imaginar (inclusive salsichas, almofadas e peixes que inflam) e fez uma série de furos neles. Como a banda Skeleton Key sabia que seu público não lia as letras das músicas ao ouvi-las ("Isso não é poesia"), as letras foram impressas invertidas, legíveis apenas quando refletidas no espelho do CD.

Direita: Uma bateria de mensagens
O nome do álbum de Chester Thompson, *A Joyful Noise,* forneceu a inspiração para o design desse CD. A modificação no tamanho e no layout da tipografia evoca a eufonia dos sons de bateria do álbum de Thompson. Design de Lippa Pearce.

CHESTER THOMPSON
A JOYFUL NOISE

1. Tropical Sunday
Written by Chester Thompson
Arranged by Otmaro Ruiz

Chester Thompson Drums
Michiko Hill Electric keyboard
Otmaro Ruiz Electric keyboard and solo
Peewee Hill Bass
Jay Leach Acoustic guitar
Steve Fowler Flute solo
Debra Dobkin Percussion
Harry Kim Flugel Horn
Walter Fowler Trumpet
Brandon Fields Tenor sax
Bruce Fowler Trombone

2. So-Soka
Written by Chester Thompson
Arranged by Otmaro Ruiz

Chester Thompson Drums/keyboard/programming
Michiko Hill Acoustic piano/electric keyboard
Otmaro Ruiz Electric keyboard
Peewee Hill Bass
Jay Leach Electric guitar and solo
Debra Dobkin Percussion
Gerald Albright Tenor sax solo
Harry Kim Trumpet
Walter Fowler Trumpet
Steve Fowler Alto sax
Brandon Fields Tenor sax
Bruce Fowler Trombone

3. Homeland
Written by Chester Thompson and Kevin Toney
Arranged by Kevin Toney

Chester Thompson Drums/keyboard/programming
Kevin Toney Electric keyboard
Peewee Hill Bass
Michiko Hill keyboard/piano
Greg Moore guitar
Mike Rojas keyboard

4. Drums Are Loud
Written and arranged by Chester Thompson

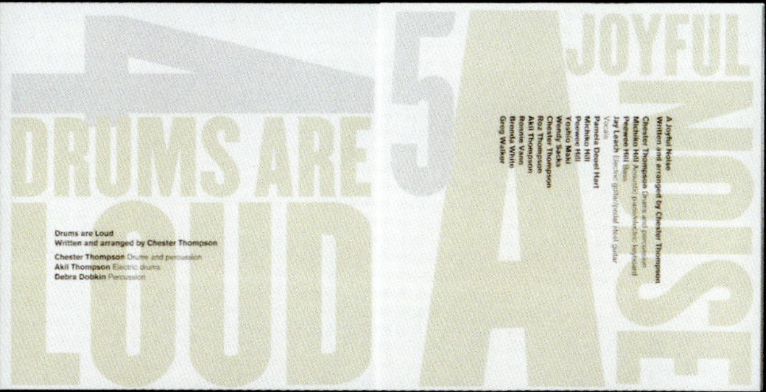

Chester Thompson Drums and percussion
Akil Thompson Electric guitar
Debra Dobkin Percussion

5. A Joyful Noise
Written and arranged by Chester Thompson

Chester Thompson Drums
Michiko Hill Acoustic piano/electric keyboard
Peewee Hill Bass
Jay Leach Electric guitar and solo
Pamela Donet Hart vocal
Michiko Hill
Chester Thompson
Akil Thompson
Blaze Thompson
Rozz Thompson
Wanda Vaughn
Yvette Maki
Benita Wills
Greg Walker

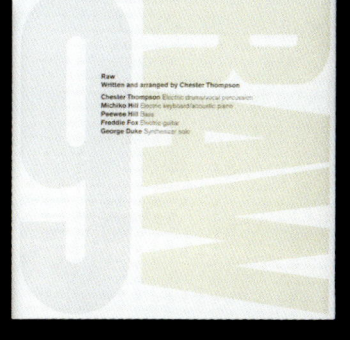

6. Raw
Written and arranged by Chester Thompson

Chester Thompson Electric drums/vocal percussion
Michiko Hill Electric keyboard/acoustic piano
Peewee Hill Bass
Freddie Fox Electric guitar
George Duke Synthesizer solo

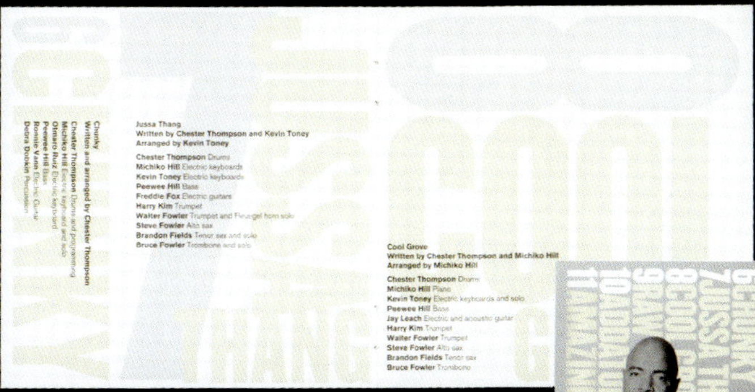

7. Chunky
Written by Chester Thompson
Arranged by Chester Thompson

Chester Thompson Drums and programming
Michiko Hill Electric keyboard
Otmaro Ruiz Electric keyboard
Peewee Hill Bass
Bruce Fowler Trombone
Debra Dobkin Percussion

8. Jussa Thang
Written by Chester Thompson and Kevin Toney
Arranged by Kevin Toney

Chester Thompson Drums
Michiko Hill Electric keyboards
Kevin Toney Electric keyboards
Peewee Hill Bass
Freddie Fox Electric guitars
Harry Kim Trumpet
Walter Fowler Trumpet and Fleugel horn solo
Steve Fowler Alto sax
Brandon Fields Tenor sax and solo
Bruce Fowler Trombone and solo

9. Cool Grove
Written by Chester Thompson and Michiko Hill
Arranged by Michiko Hill

Chester Thompson Drums
Michiko Hill Piano
Kevin Toney Electric keyboards and solo
Peewee Hill Bass
Jay Leach Electric and acoustic guitar
Harry Kim Trumpet
Walter Fowler Trumpet
Steve Fowler Alto sax
Brandon Fields Tenor sax
Bruce Fowler Trombone

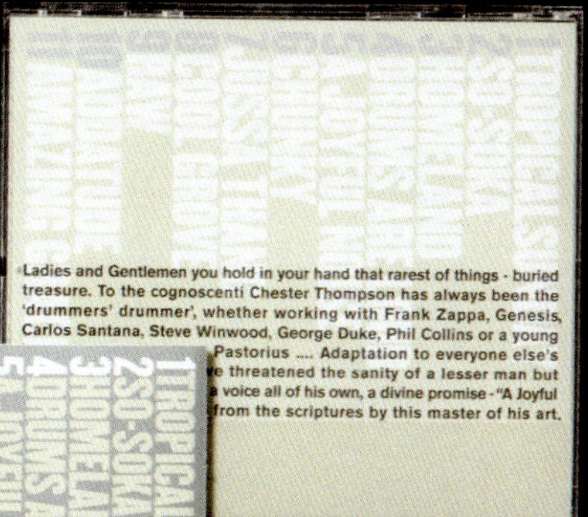

Ladies and Gentlemen you hold in your hand that rarest of things - buried treasure. To the cognoscenti Chester Thompson has always been the 'drummers' drummer', whether working with Frank Zappa, Genesis, Carlos Santana, Steve Winwood, George Duke, Phil Collins or a young Pastorius..... Adaptation to everyone else's [...] have threatened the sanity of a lesser man but [...] a voice all of his own, a divine promise - "A Joyful [...] from the scriptures by this master of his art.

1 TROPICAL SUNDAY
2 SO-SOKA
3 HOMELAND
4 DRUMS ARE LOUD
5 A JOYFUL NOISE
6 RAW
7 CHUNKY
8 JUSSA THANG
9 COOL GROVE
10
11

Embalagens para presentes

Embalagens para presentes são interessantes porque as regras habituais que determinam parte da "eficiência" dos custos em matéria-prima, produção e transporte da embalagem são alteradas pela dinâmica desse mercado. Nesse segmento, o papel do design é aumentar o valor percebido de uma embalagem para presente e apresentar um produto, ou combinação de produtos, da maneira mais atraente possível como um presente para se dar. Como resultado, a economia da embalagem externa muda invariavelmente, possibilitando aos designers maior liberdade artística.

 O objetivo do designer é criar uma embalagem que reafirme a condição de presente do produto, reflita a estima do comprador pela pessoa presenteada e faça com que essa pessoa sinta-se valorizada e gratificada ("Ah, não precisava", você os ouve dizer). Isso resulta em uma embalagem que explora uma ampla variedade de recursos gráficos estruturais e superficiais para seduzir os compradores e encantar os presenteados.

 Às vezes, a embalagem torna-se parte do presente, como é o caso da embalagem para o dia dos namorados criada pela Curiosity para a Armani (página 106). Mais freqüentemente, ela torna-se um símbolo da transitoriedade da embalagem, jogada fora depois de um breve "momento ao sol".

Abaixo e à direita:
A essência do Natal
Um exemplo perfeito de embalagem natalina que transcende o propósito funcional para tornar-se um objeto de desejo e exposição. L'Eau D'Issey. Design de FX Ballery.

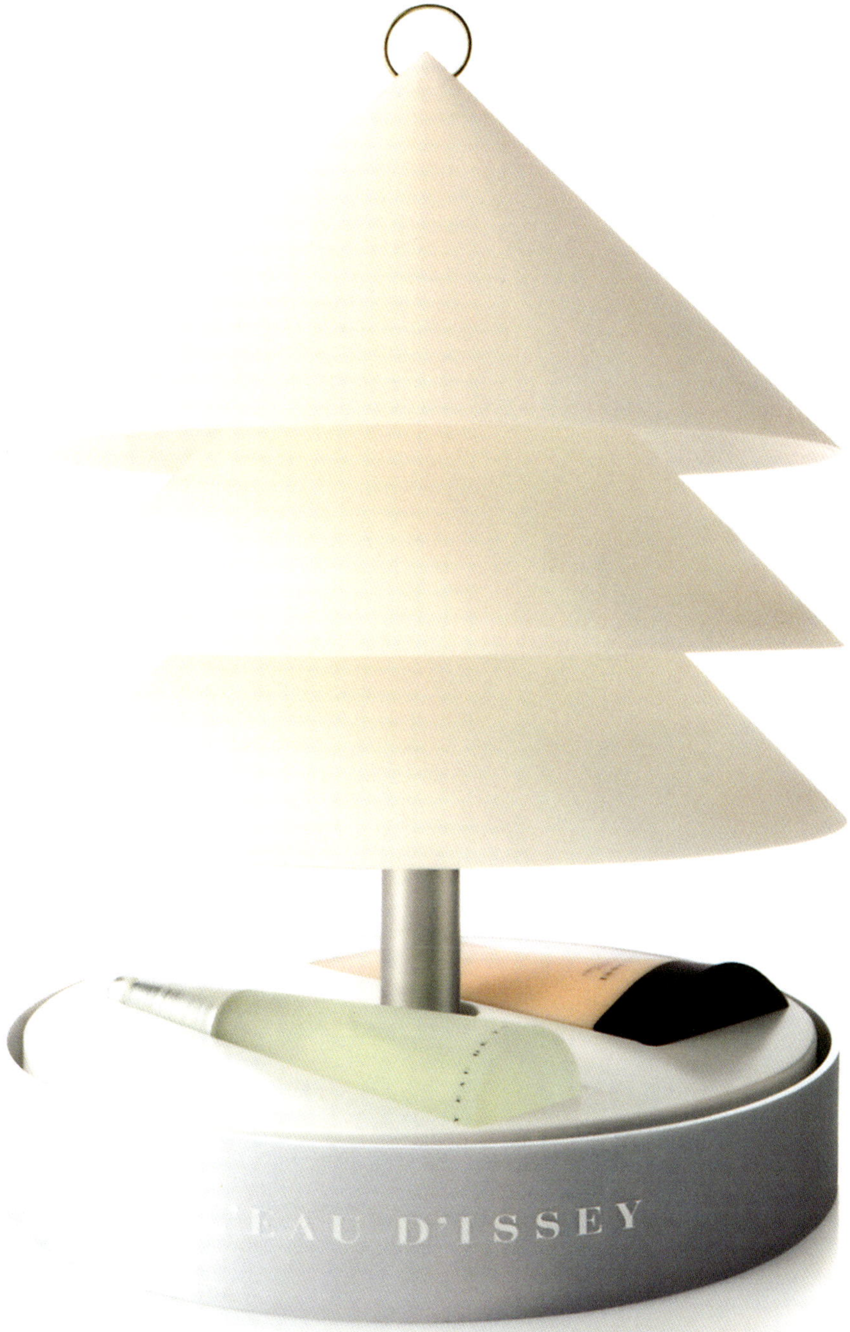
EAU D'ISSEY

Abaixo e à direita: O presente da embalagem
Esses dois pacotes dão à embalagem de presente uma nova dimensão. Criadas como um presente para o dia dos namorados e uma promoção de verão, ambas utilizam esses eventos como uma oportunidade de liberdade criativa para elaborar uma embalagem inteligente, atraente e elegante. Design de Curiosity.

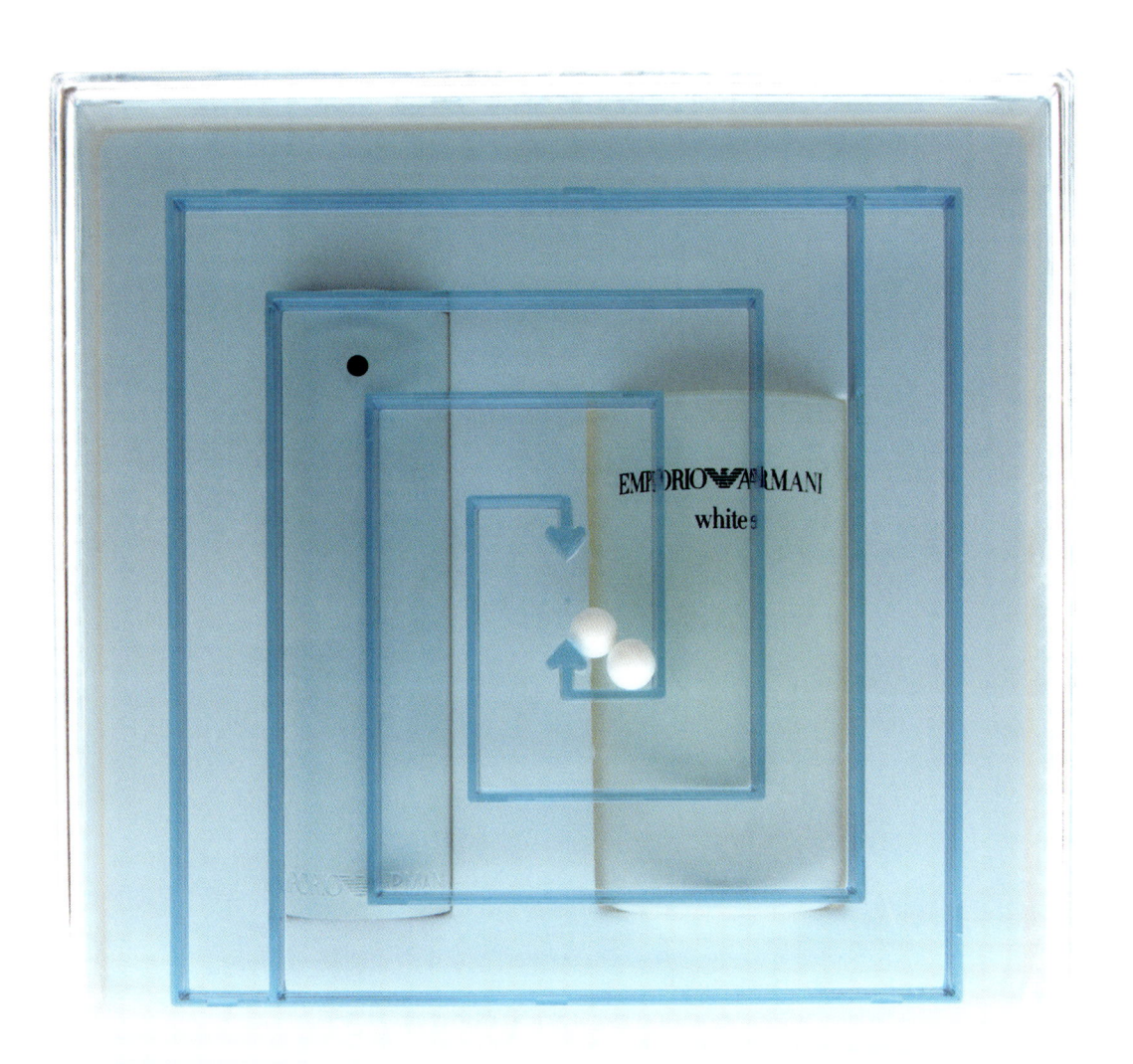

Embalagens para presentes 107

Formatos inovadores

Dez anos atrás, lutávamos à beira da praia para passar óleo bronzeador no corpo sem deixar a embalagem cair e sem nos sujar de areia. Hoje, podemos aplicar o bronzeador com spray de maneira suave e uniforme, e a tarefa de reaplicar o bronzeador após um mergulho também se tornou muito mais fácil. Na era vitoriana, refrescantes bucais eram líquidos e precisavam ser gargarejados. Depois apareceram na forma de pequenos sprays, pastilhas e chicletes. Hoje, podemos escolher finas lâminas refrescantes, como o Wrigley's Extra Thin Ice, em pequenas embalagens de bolso.

O ritmo do desenvolvimento de novos produtos teve um efeito concomitante sobre o design de embalagens, uma vez que os clientes demandam soluções inovadoras para seus novos produtos. Todos os anos, designers e fabricantes de embalagens trabalham juntos para explorar novas idéias e desafiar as convenções estabelecidas a fim de criar novos formatos de embalagens para armazenamento, exposição e distribuição de produtos, fator que mantém uma marca um passo à frente dos seus concorrentes. Os designers freqüentemente dão novas roupagens às necessidades em transformação dos consumidores.

Direita: Reescrevendo o livro
Por que embalar um livro? E por que não, especialmente se você estiver tentando desafiar a maneira como as pessoas olham as coisas e capturar a personalidade e a visão únicas de Paul Smith? O livro tinha 38 capas diferentes, cada uma com um tipo de tecido de Paul Smith, mas só era possível conhecer o tipo depois de comprado o livro e aberta a embalagem externa. Design de Aboud Sodano em colaboração com Jonathon Ive.

Abaixo: Injeção criativa
Esta embalagem especialmente desenvolvida para a Novofine combina proteção, armazenagem e portabilidade do produto. A engenharia da cartonagem mantém os produtos fixos no lugar e permite que a embalagem seja dobrada para proteger as agulhas quando elas não estão em uso. Design de PI Design.

you can find
inspiration
in everything*

paul smith

*and if you can't, look again.

Às vezes, a inovação surge pelo exame de um formato de embalagem tipicamente utilizado em um produto, como alimentos embalados a vácuo, e por sua aplicação a um produto completamente diferente, como roupas. Outras vezes, a inovação vem com o entendimento que o designer tem da marca do cliente, e com a criação de uma solução de embalagem que é eficaz para a marca e, ao mesmo tempo, completamente diferente dos seus concorrentes.

A verdadeira inovação só surge numa mente aberta. Normalmente, ela acontece quando há uma boa parceria entre o cliente e o designer, porque, invariavelmente, ela precisa de mais tempo, mais esforço e mais compromisso para alcançar o resultado correto.

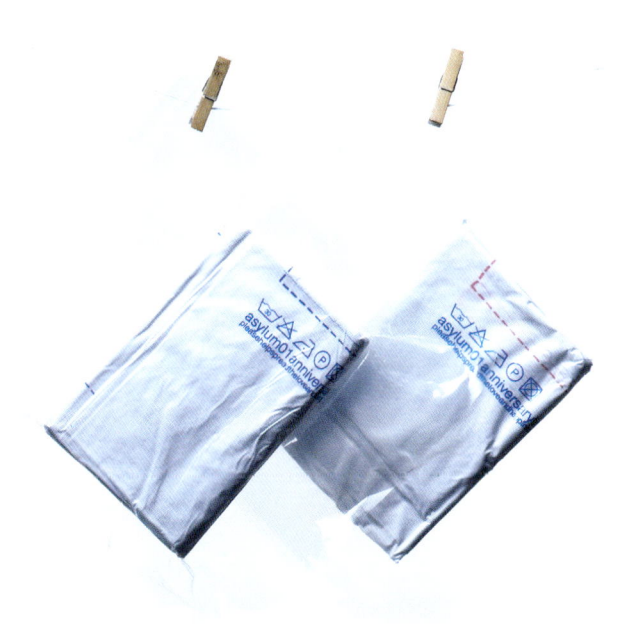

Direita: Segunda pele
As malhas Fast-Skin da Speedo foram usadas por vários nadadores nos jogos olímpicos. A inspiração vem da pele do tubarão, com pequenos orifícios cutâneos que minimizam os obstáculos e maximizam a eficiência. Como a malha não tem linhas retas que facilitem a dobragem, foi criado um envólucro para armazenar o produto (que funciona como uma bolsa para secagem rápida) que, por sua vez, é mantido em uma embalagem macia de PVC. Design de Checkland Kindleysides.

Esquerda: Comprimindo para caber
Quando o estúdio de design Duffy convidou seus clientes e amigos para uma exposição em uma galeria de arte, ele escolheu esse formato idiossincrático de embalagem retrátil para embalar suas camisetas Asylum, que foram presenteadas a cada convidado. Os visitantes foram então convidados a usar a imaginação para cortar a forma das suas próprias camisetas.

Encontro de mentes 111

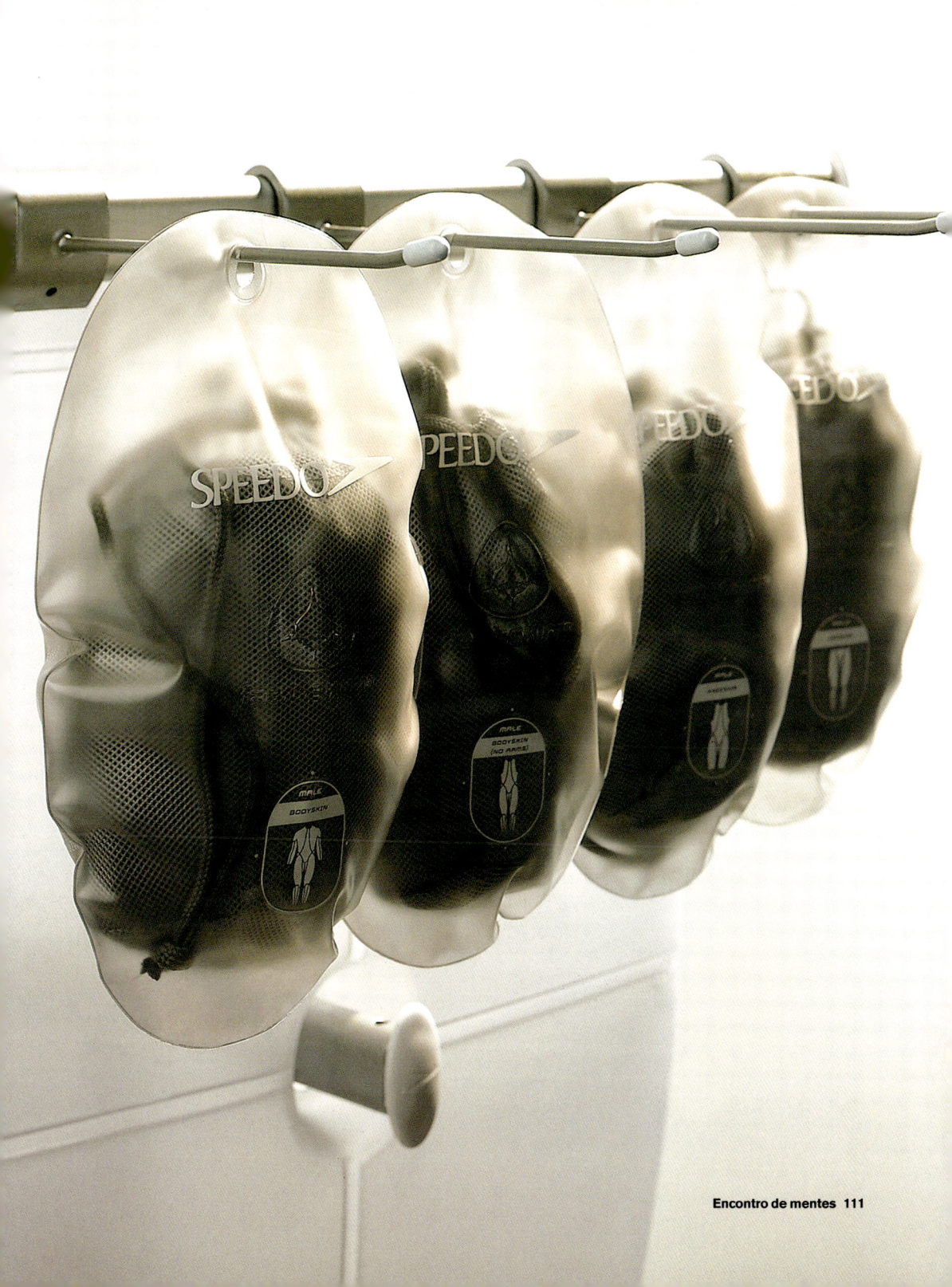

Materiais

A seleção de materiais é extremamente importante no design de embalagens. Como visto nas seções anteriores sobre determinados formatos de embalagens, como garrafas e embalagens de papel-cartão, o produto embalado muitas vezes determina a escolha dos materiais. Aqui, a principal consideração a ser feita é que o produto seja conservado, protegido, transportado, exibido e entregue da maneira mais higiênica e segura possível.

A seleção de materiais também é importante para controlar as percepções dos consumidores em relação a um produto – tanto as percepções iniciais como uma avaliação mais detalhada. Essas percepções podem ser manipuladas por meio de um exame de uma parte da embalagem e pelo tato que a embalagem fornece. A maioria das pessoas associa instintivamente certos atributos – como qualidade, elegância, jovialidade, exclusividade e tendências – a certas aparências e sensações. A suavidade sedosa de uma parte da embalagem ou o casamento inteligente de diferentes tipos de materiais são fatores que agregam à impressão de um produto.

Em alguns casos, o tom visual de uma parte da embalagem pode derivar do uso de um suporte como o polipropileno, que costuma ser visto como moderno e contemporâneo. Alternativamente, o tom visual pode derivar da justaposição cuidadosa de diferentes materiais – alguns mais suaves, outros mais texturizados.

Como ilustram os dois projetos apresentados nessas páginas, o acabamento de uma parte da embalagem – em ambos os casos pelo uso de laços feitos à mão – pode transmitir exclusividade e valor a um produto. O processo de desembrulhar o produto aumenta a expectativa dos consumidores e deixa em suspenso o prazer de comprá-lo ou recebê-lo. A quantidade de

Acima: Luxo visível
A Langford & Co fornece um serviço exclusivo para presentes corporativos. Suas embalagens, com uma paleta de cores variando entre tons claros e escuros de cinza, utilizam materiais de alta qualidade para criar uma sensação tangível de luxo e prestígio. Design de Pentagram.

Direita: Higher design
A aparência da embalagem de *Higher*, da Christian Dior, é complementada pela sensação do produto nas mãos, não apenas por sua forma, mas também por seu peso e acabamento. Design de Beef.

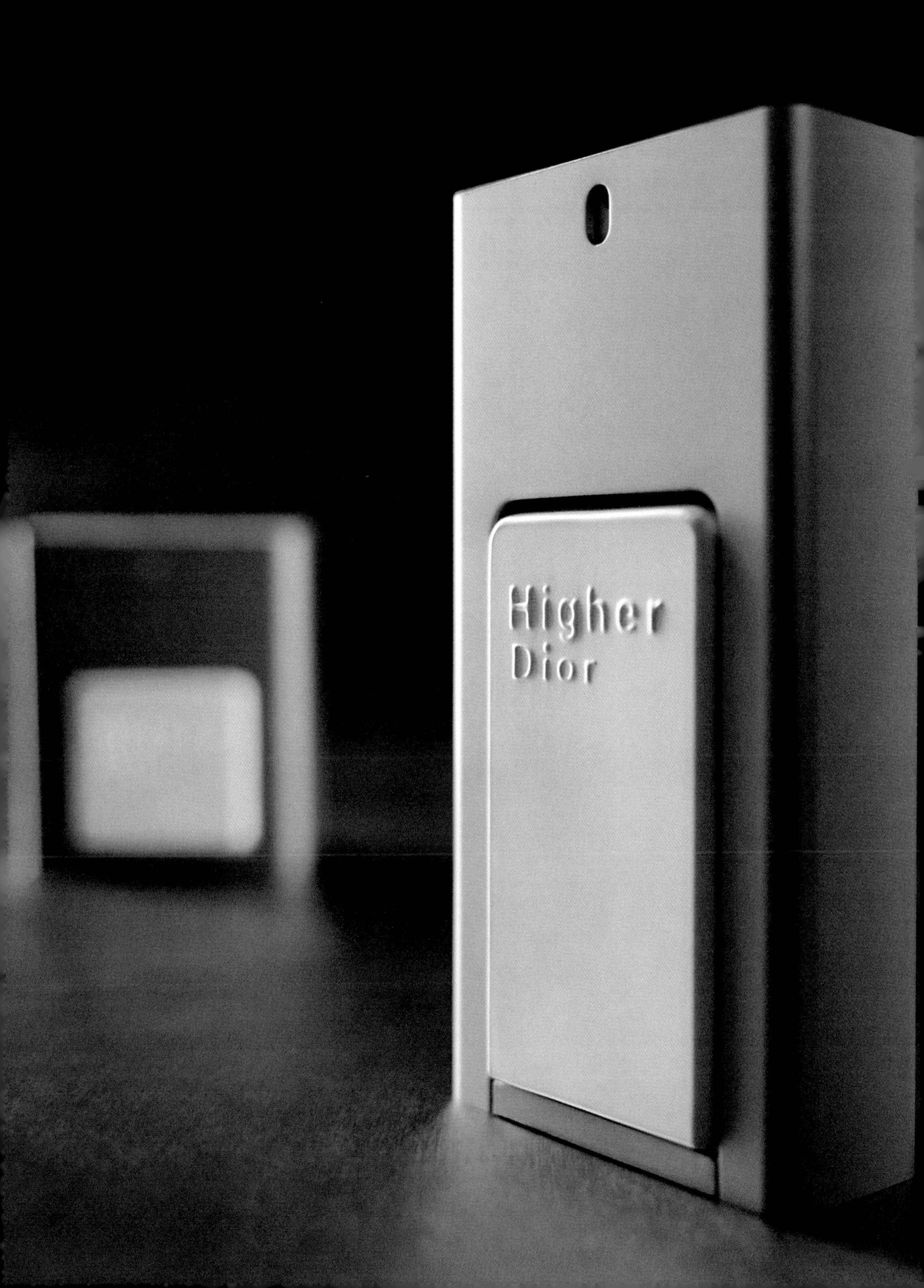
Higher
Dior

atenção dada aos materiais muitas vezes é proporcional ao preço do próprio produto. Quanto maior o nível de preços, maior a atenção à aparência e à sensação da embalagem e maior o investimento em materiais. A seleção de materiais pode influenciar as percepções dos consumidores em relação a um produto de tal forma que os designers devem considerá-la como um pré-requisito de todos os projetos.

Direita: Um laço no topo
Após anos criando fragrâncias para algumas das maiores empresas no setor de perfumes do mundo, Lyn Harris decidiu que chegara o momento de criar sua própria marca, a *Miller Harris*. A embalagem tem uma sensação clássica, quase eterna. Os materiais utilizados na embalagem, como laços feitos à mão, transmitem qualidade e valor. Design de The Nest.

Abaixo: O grande é belo
A caixa do Next Sempre tem suavidade sedosa e cor pastel. O laço em volta de toda a embalagem, em um tom mais rico, é bastante texturizado e parece pulsar com vida. Para o Sempre, o laço torna-se a embalagem e fornece uma tensão. Quando agrupadas, as caixas quadradas criam um perfil próprio, tornando a embalagem altamente individualizada. Design de Lewis Moberly.

Miller Harris

Elementos gráficos

Mel Byars escreve em sua introdução ao livro *Subtraction: Aspects of Essential Design,* de Alexander Gelman (2000): "Pode-se argumentar que as melhores e as piores características humanas que nutrem a excelência são a obsessão e o ego". Na próxima seção, espero ilustrar como a obsessão dos designers pelos elementos gráficos externos combina com seus egos individuais para criar as melhores soluções possíveis.

 Trabalhando em design há mais de 12 anos, parece-me que os melhores designers ficam realmente obcecados quando se dedicam a um projeto, e esse ego – o desejo de "vencer" e ser reconhecido pelos seus esforços – realmente os impulsiona a alcançar a excelência. Também me parece que, da mesma maneira que os clientes medem a excelência utilizando diferentes índices (eficácia comercial e preferência pessoal, para citar dois), os designers também medem a excelência utilizando critérios diferentes. Talvez isso esteja relacionado à natureza da criatividade. Não posso citar meu filme favorito, porque diferentes filmes são brilhantes por diferentes razões. Talvez essa também seja a razão por que dois designers que recebem o mesmo briefing irão propor dois conceitos bem diferentes. Qualquer que seja a razão, essa é uma parte vital do processo de design.

 O aspecto realmente interessante dessa dualidade entre obsessão e ego é que todos os designers começam com os mesmos elementos básicos: tipografia, cores etc. Este livro, como qualquer outro, no máximo pode explicar o que acontece. Posso demonstrar os elementos e mostrar como os designers os utilizaram, mas não posso destilar a alquimia que é a imaginação de um designer em preto-e-branco.

Direita: Crie sua própria capa
Cada uma dessas caixas com CDs do Massive Attack é única porque utiliza tintas termossensíveis que reagem à temperatura da sua mão. Como resultado, você "cria" a sua capa ao segurar a caixa. Design de Tom Hingston e Robert Del Naja.

Elementos gráficos 117

Branding

Em uma época em que marcas são muito poderosas, não surpreende o fato de que um dos constituintes primários dos elementos gráficos seja o branding. No nível mais básico, o branding declara uma propriedade. Quando a marca e o nome corporativo são sinônimos, a questão da exposição da marca é simples: a tarefa do design é exibir o nome da marca para que os consumidores possam identificá-la durante seu processo inicial de avaliação e seleção do produto.

Quando as marcas individuais formam parte de um portfólio corporativo (por exemplo, o detergente Ariel como parte do portfólio mais amplo da Procter & Gamble), a exposição da marca abrange a marca individual e a empresa-mãe. Em termos simplistas, isso significa que dois identificadores precisam ser incorporados ao design – a marca "filha" e a marca corporativa que a endossa. Muitas vezes, a exposição de uma marca baseia-se em uma hierarquia (onde a marca filha ocupa a face frontal e a marca-mãe é apresentada na lateral ou no dorso), mas a exposição também pode ser afetada por outras questões, como sensibilidade do mercado local a marcas globais (consulte a página 20).

Independentemente dos requisitos de exposição de uma marca, a tarefa do designer é apresentar o logotipo e/ou símbolo de uma marca da maneira mais atraente possível. Essa tarefa freqüentemente é realizada de maneira objetiva simplesmente imprimindo a marca como parte do conjunto de cores. O valor e a personalidade de uma marca também podem ser transmitidos empregando recursos como impressão em baixo ou alto-relevo, efeitos especiais como hot stamping ou verniz de reserva, ou posicionando a marca em relações interessantes com a embalagem física.

**Acima e à direita:
Marca-mãe e marca filha**
O branding desenvolvido para a linha de roupas Re-threads da Levi's – roupas feitas de tudo, de algodão a garrafas plásticas recicladas – reforça de modo inteligente o conhecimento dos consumidores da marca pelo uso do seu produto icônico – o jeans. Design de Turner Duckworth.

Levi's

RE·THREADS™
TRASH IS WHAT YOU MAKE IT.

Esses efeitos e recursos podem servir para uma comunicação escancarada – sendo a compreensão dos consumidores baseada em idéias preconcebidas de luxo ou frivolidade – ou podem funcionar subliminarmente, como parte do desejo de uma marca de envolver os sentidos e as emoções dos consumidores.

A exposição de uma marca muitas vezes leva a uma tensão entre tamanho e estética, em que o requisito para o impacto da marca desafia a criação de um design adequadamente equilibrado. "Ampliar o nome da marca" torna-se o mantra. Contudo, a identidade de uma marca vai além do logotipo ou do símbolo. Assim como na identidade corporativa, em que uma organização é definida não apenas pelo seu logotipo/símbolo, mas por sua paleta de cores, família de tipos, imagem, tom de voz e assim por diante, uma marca também é definida por outros fatores além do seu símbolo.

Southgate cunhou o termo "branding total" (*total branding*) para descrever esse processo de pensar além da marca, que é útil para sintetizar uma atitude de design que incorpora todos os elementos do design para atingir um objetivo – uma marca diferenciada. Naturalmente, o logotipo ou símbolo de uma marca são um elemento-chave no processo de diferenciação, pois sua singularidade pode ser legalmente protegida, mas eles não são os únicos elementos. A aplicação do recurso de uma marca deve ser vista em um contexto mais amplo da comunicação de sua proposta e diferenciação.

Direita: Tradicional
Esta embalagem consegue exibir o famoso logo da Coca-Cola oito vezes. Ela também se vale do reconhecimento que a garrafa Contour da Coca-Cola (criada em 1915 por Alexander Samuelsson) tem entre os consumidores. Design de Dew Gibbons.

Abaixo: Uma proposta completa
Aqui, o designer conseguiu tornar a marca maior e, ao mesmo tempo, criar uma embalagem esteticamente equilibrada simplesmente colocando o logotipo em torno da embalagem. Design de Jones Knowles Ritchie.

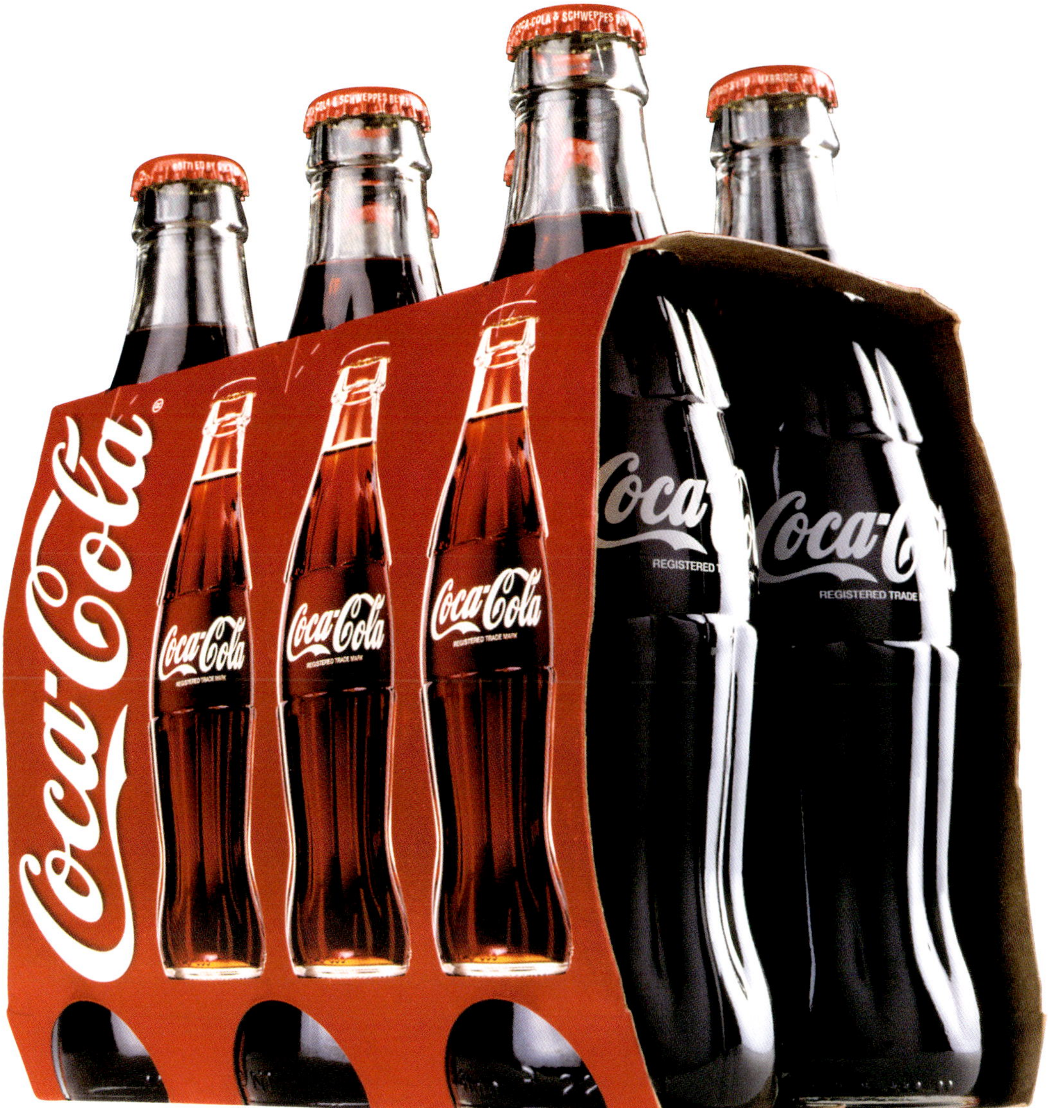
Coca-Cola
Coca-Cola
REGISTERED TRADE MARK

Tipografia

A tipografia está no centro do design de embalagens porque se preocupa, essencialmente, com a disseminação das informações. Produtos têm nomes, descrições, usos, vantagens, variantes, ingredientes, componentes, instruções, alertas de segurança, informações de assistência ao cliente e detalhes sobre a propriedade. Todos esses detalhes precisam ser exibidos na embalagem de uma maneira legível para que os consumidores possam ler e entender as informações que estão vendo.

O tipógrafo moderno tem uma gama impressionante de opções tipográficas. Pegue um catálogo de biblioteca de fontes qualquer e você encontrará uma seleção enorme de fontes que podem ser escolhidas. Algumas dessas fontes são quase tão antigas quanto a impressão – como a Baskerville, criada por John Baskerville no século XVII, e a Bodoni, criada por Giambattista Bodoni na mesma época. Outras são muito mais recentes – produtos da tecnologia do computador e de novos softwares.

A habilidade do designer reside em fazer coincidir a escolha da fonte com a função. Inicialmente, a tarefa do designer é selecionar uma fonte que exiba as informações na embalagem em um formato de fácil leitura. A seleção é determinada por fatores como tamanho da embalagem, extensão das informações e método de impressão. Saber que uma embalagem precisará apresentar informações em diferentes idiomas (como ocorre com muitas marcas globais) guiará a escolha de um designer para uma fonte que funciona em corpos pequenos. Saber que uma embalagem será impressa por um método de impressão relativamente rudimentar pode levar um designer

Direita: Orelha espanhola
Às vezes, menos é mais. A simples, mas elegante, distorção tipográfica na orelha da letra "g" reflete a origem espanhola desse vinho. Sua simplicidade faz com que ele se destaque em um mercado disputado. Design de Pentagram.

Abaixo: Injeção de personalidade
O caráter sulista do Cajun Injector é transmitido pela escolha das fontes e pela maneira como elas são utilizadas. Em comparação com o design limpo do Dehesa Gago na página ao lado, o design do rótulo do Cajun Injector torna-se deliberadamente cheio de detalhes, com "histórias" sobre o produto, e a tipografia complementa isso. Design de X FORCE.

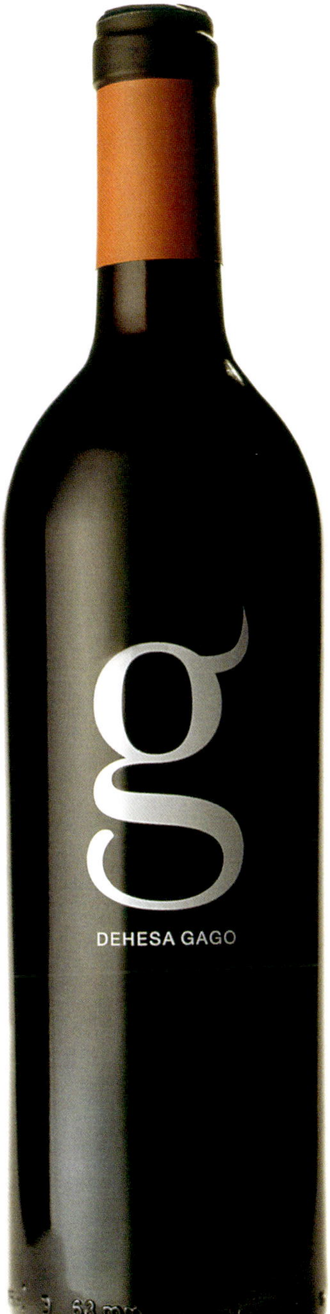
g
DEHESA GAGO

a escolher uma fonte com características abertas e sem detalhes – como orelhas e remates –, que acabam não sendo impressos.

A seleção de fontes também é influenciada por outros fatores. Se a ordem do dia for criar uma forte diferenciação de marca, a seleção da fonte poderá contribuir para esse processo. Simplesmente avaliar o conjunto da concorrência e escolher uma fonte diferente das demais pode contribuir para a percepção dessa diferença. Alternativamente, criar uma nova fonte, ou manipular uma fonte existente para que ela tenha características originais, pode criar um fator de diferenciação.

A tipografia também pode desempenhar um papel importante na comunicação do posicionamento de uma marca. Se um produto deve ser percebido como clássico ou contemporâneo, funcional e honesto, ou feito à mão em vez de manufaturado, a seleção da fonte correta pode então contribuir para isso. Quando pensamos em tipografia, tendemos a pensar em fontes mecânicas, criadas por máquinas, mas ela também abrange fontes criadas manualmente, e há casos em que essa forma de tipografia pode gravar um produto na mente do consumidor muito mais rapidamente.

Da mesma forma, a seleção tipográfica é importante ao considerar a personalidade de uma marca. Assim como as pessoas, as fontes também têm personalidades, e elas podem ser exploradas pelos designers. Essa personalidade pode ser transmitida pelo efeito geral da fonte – sua ousadia ou delicadeza – ou por elementos individuais de uma fonte – como ligaduras, ascendentes, descendentes, orelhas e arcos – que imbuem as palavras de personalidade.

Muitos dos tipos de fontes desenvolvidos na Europa no início do século XX foram influenciados pelo movimento Bauhaus e seu foco na função. Hoje, muitas fontes sem serifa criadas em resposta a esse movimento são percebidas como modernas e contemporâneas, e seus atributos de uso são relacionados a características das marcas que as adotam. Inversamente, produtos que querem ser percebidos como clássicos e luxuosos, ou que derivam de uma tradição histórica ou nacional, podem empregar uma fonte com serifa com a fluidez e os ornamentos que os consumidores associam a esse tipo de personalidade.

Display
Humanist
Modern
Old Style
Script
Sans Serif
Slab Serif
Transitional

Direita: A força da tipografia
O design da embalagem Homebase Powertools é caracterizado pelas ferramentas elétricas em ação. Ele também é caracterizado pela tipografia que inteligentemente demonstra a ação de cada ferramenta. Design de Carter Wong Tomlin.

Esquerda: Fontes
À medida que a comunicação da palavra escrita tornou-se mais diversa e sofisticada, o mesmo ocorreu com as fontes em que ela é representada. Eis alguns exemplos de como a tipografia evoluiu.

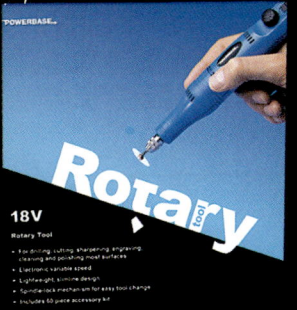

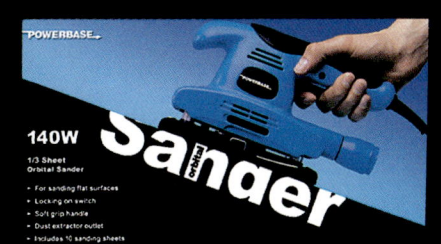

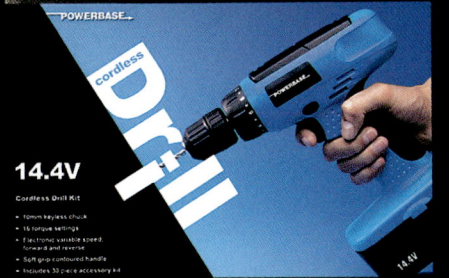

12V Jigsaw
Cordless Jigsaw
- For cutting straight or curved lines in wood, metal or plastic
- Cutting depth 35mm (wood) 5mm (metal)
- 0 - 45 degree cutting angle
- Lock-on/on switch
- Dust extractor outlet
- Includes 3 assorted blades

18V Rotary tool
Rotary Tool
- For drilling, cutting, sharpening, engraving, cleaning and polishing most surfaces
- Electronic variable speed
- Lightweight, slimline design
- Spindle lock mechanism for easy tool change
- Includes 60 piece accessory kit

140W Sander
1/3 Sheet Orbital Sander
- For sanding flat surfaces
- Locking on switch
- Soft grip handle
- Dust extractor outlet
- Includes 10 sanding sheets

14.4V cordless Drill
Cordless Drill Kit
- 10mm keyless chuck
- 16 torque settings
- Electronic variable speed, forward and reverse
- Soft grip contoured handle
- Includes 30 piece accessory kit

1200W circular Saw
Circular Saw
- For cutting straight lines in wood or plastic
- Cutting depth 55mm
- Includes 185mm Tungsten Carbide Tipped Blade
- 0-45 degree cutting angle
- Includes parallel guide
- Soft grip handle

1020W plunging Router
Plunging Router
- For cutting slots and profiles in wood
- 0 - 44mm cutting depth
- 6mm and 8mm (1/4") collets for various size bits
- Variable speed
- Includes parallel guide
- Includes 6 Tungsten Carbide Tipped bits

1600W Heat gun
Heat Gun
- For stripping paint and varnish
- 2 temperature settings 300°C and 500°C
- Pistol grip for greater control

Layout e hierarquia de informações

Todas as embalagens exibem informações em maior ou menor grau. Em geral, essas informações podem ser divididas em diferentes tipos, como marca, atribuição de nomes, variante do produto, características e benefícios, pesos e medidas etc. Muitas vezes, a quantidade de informações parece exceder em muito o espaço disponível para elas. As demandas impostas pela legislação moderna de proteção ao consumidor atendem as necessidades do proprietário de marca, disposto a assegurar que os consumidores entendam o produto e saibam como ele satisfaz suas exigências.

O desafio do designer é exibir essas informações de uma maneira única, para que elas dêem suporte à proposição da marca, e útil para que permitam aos consumidores selecionar o produto que eles querem. A habilidade reside em entender como manipular o layout das informações a fim de chamar e manter a atenção dos consumidores. A contribuição do designer também está em entender quais informações são mais importantes para os consumidores no ponto-de-venda, no momento da decisão na loja e no momento de uso, quando as informações são lidas de uma maneira diferente — em casa, no trabalho ou durante o lazer.

Um dos principais fatores a ser levado em consideração ao criar layouts de embalagens, e produzir hierarquias de informações, é o consumidor e a sua experiência de compra. Os consumidores não se conformam com um tipo. Alguns gostam de comprar, enquanto outros odeiam. Alguns são muito bons em assimilar informações e tomar decisões de compra. Outros (consulte a página 40) talvez não tenham a confiança suficiente para fazer uma avaliação entre diferentes produtos. Essas pessoas recorrem às embalagens para ajudá-las e,

Acima: Equilíbrio perfeito
Estes vinhos são provenientes da região do Alentejo, em Portugal, local caracterizado por planícies e por uma arquitetura local em que predominam as cores azul, vermelho e branco. Estes vinhos em edição limitada são muito finos, um fato refletido pela fonte cursiva, sutil e equilibrada, bem como pelo texto. Design de Lewis Moberly.

Direita: Dieta com sabor
Quando Lewis Moberly foi contratado para redesenhar a embalagem da Limmits, a linguagem visual da categoria de substitutos de refeições tinha se tornado um clichê. Pacotes brancos e anêmicos com cores lavadas simplesmente transmitiam o tipo de dieta sem assegurar se o produto era saboroso ou nutricionalmente eficiente. Inversamente, as embalagens da Limmits apresentam fotografias de dar água na boca, e a cor preta incisiva à diferença na prateleira e fornece um recurso forte para a apresentação das informações. Informações nutricionais são facilmente identificáveis e muito mais legíveis devido à ordem inata das embalagens.

Layout e hierarquia de informações 127

portanto, é importante conhecer quais fatores terão um efeito sobre suas decisões para então priorizá-las. Depois de o designer estabelecer as mensagens centrais e periféricas, ele pode se concentrar no uso da seleção e do layout tipográfico, peso e cores das fontes e em outros recursos gráficos – como painéis, símbolos, ícones, barras e linhas e fios – para atrair a atenção do consumidor para as informações relevantes.

A ordem do dia é equilíbrio, espaço, simplicidade e compromisso. Também é a relação entre a forma gráfica das palavras e seu conteúdo. O layout e a hierarquia de informações servem a um objetivo, não são somente um exercício estético. Como Paul Rand afirma no livro *Design Form and Chaos* (1993): "A forma apenas fornece o brilho sem o qual o conteúdo se apaga".

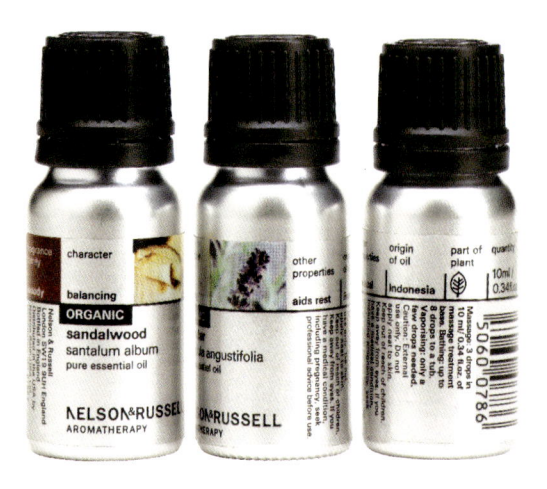

Acima: Informações sistemáticas
Os óleos da Nelsons foram criados para satisfazer as necessidades dos novos e dos antigos consumidores. A sistematização das informações, combinadas com frascos modernos e metálicos, confere à linha de produtos uma espécie de autoridade que pode ser reconhecida pelos "entendidos". O fornecimento das informações sobre procedência, natureza, país de origem das essências etc., torna a embalagem acessível a novos consumidores. A tipografia tanto nos formatos vertical como horizontal e os pesos das fontes foram cuidadosamente pensados para ajudar o consumidor. Design de Lippa Pearce.

Direita: Sistema orgânico
Curiosamente, é o layout das informações do Modern Organic Products que define a identidade da sua marca, uma vez que as embalagens são caracterizadas apenas pela tipografia. A marca deriva sua autoridade da ordem sistemática das informações. Design de Liska and Associates.

modern organic products

mop basil mint shampoo

for normal to oily hair

shampooing au basilic et à la menthe cheveux normaux ou gras

If your hair feels like it's carrying the weight of the world, lift away dirt, pollutants & oil with this cleansing shampoo containing extracts of Certified Organic Peppermint, Basil, Sage & Rosemary. Leaves hair fresh & lively, full of healthy shine & bounce. Lighten up.

10.15 fl oz / 300 mL

Rótulo traseiro

Imagine um cenário em que um consumidor foi tentado a considerar um produto pela proposta poderosa na face frontal da embalagem. Na loja ou em casa, ele examina o outro lado da embalagem para aprender mais sobre o produto ou seu uso e encontra informações parcamente exibidas, sem uma ordem em particular e sem considerações específicas às suas necessidades.

O design na parte traseira da embalagem é o primo pobre do design de embalagens. Raramente o rótulo traseiro recebe a atenção que merece, e isso revela falta de tempo e cuidado investidos neles. Seu design ruim sugere que o gerente do produto ou o proprietário da marca coloca em segundo plano as informações contidas no rótulo traseiro das embalagens. Em contraposição, um bom rótulo traseiro concentra-se no tipo de informações exibidas e nas necessidades do leitor. Considerável atenção é dada à escolha e ao peso das fontes, fios, cores e ícones a fim de guiar os consumidores para as informações que eles precisam e torná-las de fácil assimilação – e até mesmo agradáveis.

Direita: Recomendação profissional
Este rótulo traseiro é uma ilustração perfeita de uma embalagem em que se investiu o mesmo tempo no design do rótulo frontal e no do rótulo traseiro. Tipografia, cores, numerais, círculos, barras e painéis foram utilizados para retratar as informações de maneira clara, legível e amigável ao usuário. Design de Newell & Sorrell.

Abaixo: Magia animal
O design destas garrafas reproduzindo a pele de animais mostra incisivamente como uma garrafa inteira, não apenas sua face frontal, pode ser considerada ao se criar soluções de design diferenciadas e poderosas. Design de Williams Murray Hamm.

Rótulo traseiro

Os bons designers também entendem que o design de embalagens está relacionado a "contar histórias" sobre a marca, e as faces laterais e traseiras podem ser utilizadas para destacar certas características da história ou revelar diferentes aspectos dela. Tratar uma parte da embalagem como mais do que apenas a "face de venda" significa que qualquer design torna-se uma solução holística tanto no sentido estético como no sentido da comunicação. Um bom design de rótulo traseiro também demonstra o orgulho em relação ao produto e o cuidado quanto às necessidades dos consumidores.

Direita: Layouts inclinados
A tipografia inclinada na parte frontal dessas embalagens do NBA Body Spray é espelhada no rótulo traseiro. Esse recurso estilístico é alcançado sem sacrificar a legibilidade. Design de Lippa Pearce.

Abaixo: História forte
Se toda fotografia conta uma história, então aqui a história se desdobra no rótulo traseiro da garrafa do Waitrose Strong IPA. Design de Tutssels Enterprise IG.

NBA

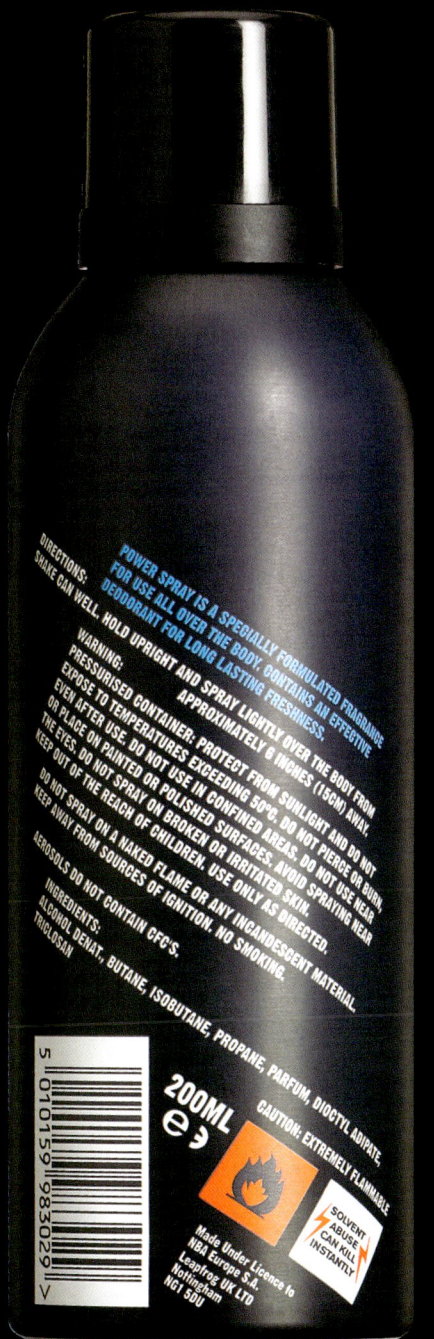

POWER SPRAY 1
DEODORANT
BODY SPRAY
200ML ℮

DIRECTIONS: POWER SPRAY IS A SPECIALLY FORMULATED FRAGRANCE FOR USE ALL OVER THE BODY. CONTAINS AN EFFECTIVE DEODORANT FOR LONG LASTING FRESHNESS. SHAKE CAN WELL. HOLD UPRIGHT AND SPRAY LIGHTLY OVER THE BODY FROM APPROXIMATELY 6 INCHES (15CM) AWAY.

WARNING: PRESSURISED CONTAINER: PROTECT FROM SUNLIGHT AND DO NOT EXPOSE TO TEMPERATURES EXCEEDING 50°C. DO NOT PIERCE OR BURN, EVEN AFTER USE. DO NOT USE IN CONFINED AREAS. DO NOT USE NEAR OR PLACE ON PAINTED OR POLISHED SURFACES. AVOID SPRAYING NEAR THE EYES. DO NOT SPRAY ON BROKEN OR IRRITATED SKIN. USE ONLY AS DIRECTED. DO NOT SPRAY ON A NAKED FLAME OR ANY INCANDESCENT MATERIAL. KEEP OUT OF THE REACH OF CHILDREN. KEEP AWAY FROM SOURCES OF IGNITION. NO SMOKING.

AEROSOLS DO NOT CONTAIN CFC'S.

INGREDIENTS: ALCOHOL DENAT., BUTANE, ISOBUTANE, PROPANE, PARFUM, DIOCTYL ADIPATE, TRICLOSAN

200ML ℮

CAUTION: EXTREMELY FLAMMABLE

SOLVENT ABUSE CAN KILL INSTANTLY

Made Under Licence to
NBA Europe S.A.
Leapfrog UK Ltd
Nottingham
NG1 5DU

5010159983029

Linguagem

Já falamos sobre a importância de criar uma hierarquia de informações que os consumidores possam entender e decifrar. Hierarquias de informações funcionam de modo mais eficaz quando aliadas a uma linguagem envolvente e criativa.

Infelizmente, é comum que a linguagem não receba a devida importância pelos proprietários de marcas. Tempo considerável é investido na criação e no refinamento do design de embalagens, mas pouco tempo é dado ao texto que aparece nelas. Muitas vezes, isso acontece porque quem recebe a tarefa de escrever o texto é um gerente júnior de produto ou marca. Além disso, essa tarefa pode ser a última coisa a ser feita e, como os prazos de produção são apertados, pouca atenção é dada a ela.

O texto nas embalagens é importante por muitas razões. Ele pode envolver os consumidores e, se "falar a linguagem certa", garantir que esse é o produto certo para eles. Com tanta ênfase no auto-serviço, os consumidores precisam de ajuda para selecionar o produto correto. Eles querem ser capazes de entender um produto rapidamente e de identificar as características e vantagens de um produto em relação a outros.

A linguagem também pode demonstrar os valores de uma marca, projetando valores como autoridade, perícia e eficácia, e demonstrar a personalidade de uma marca, projetando características como juventude, diversão e paixão.

A linguagem também pode diferenciar uma marca de outra, e, em ambientes competitivos, é vital utilizar cada fator de diferenciação disponível. Acredito que o texto é importante para os consumidores porque contribui para o processo de seleção e preferência, dando suporte ao ponto-de-venda único (PVU) de um produto e ao ponto-de-venda emocional (PVE).

Direita: Detalhe agradável
Tempos atrás, li o livro *The Pursuit of Wow*, de Tom Peters (1995), em que ele descreve a compra de um suco com as palavras "Aprecie Antes…" no lugar de "Use Antes…". Desde então, tentei em várias ocasiões persuadir um cliente a fazer o mesmo. Esse recurso simples informa muito sobre a atitude da Innocent em relação ao seu produto e a experiência que ela quer que seus clientes tenham. Ele também demonstra a atenção aos detalhes dada a cada aspecto da marca. Design de Turner Duckworth.

Esquerda: Linguagem filosófica
Um dos aspectos que torna o Barefoot Doctor uma ilustração tão boa do poder da linguagem é a ausência de imagens nos seus produtos. Isso foca a atenção nas características predominantes do design das embalagens: cores e tipografia. O design alcança máximo impacto na prateleira pelo uso dinâmico de uma paleta de cores brilhantes. Tendo chamado a atenção, a embalagem então "fala" com os consumidores de maneira clara e envolvente. Ela define a personalidade da marca, que, nesse caso, deriva de uma pessoa real – o próprio Barefoot Doctor – e se envolve com os consumidores do produto em um nível "filosófico". Aprende-se o que o produto faz – "tornar a pessoa realmente sexy" – e o ímpeto por trás da marca – "fazer do mundo um lugar com cheiros mais agradáveis para todos". E mais, ele faz isso com humor e com a quantidade exata de ironia. Design de Leapfrog.

Fotografia

Imagens são a base de vários designs de embalagens, porque elas são imediatas, poderosas e duradouras. Imagens podem sintetizar uma proposta básica e comunicá-la de modo rápido e eficaz. Schmitt e Simonson citam uma pesquisa sobre imagem e memória que mostrou que imagens são quatro vezes mais lembradas do que palavras. Eles atribuem esse efeito à distinção das imagens, o que permite que elas sejam lembradas de uma maneira relativamente fácil.

Uma porcentagem significativa das imagens utilizadas nas embalagens é fotográfica, sejam coloridas, em preto-e-branco ou em duotones. Imagens são criadas para mostrar o produto, demonstrar seu uso, comunicar seus benefícios ou sintetizar a essência da marca. Às vezes, o conteúdo da fotografia é explicativo, mostrando ao consumidor o que está dentro da caixa. Outras vezes, a fotografia pode ser metafórica, buscando sintetizar por meio de uma imagem uma emoção ou um estado de espírito e a realização de um desejo ou de uma necessidade.

A. G. Lafley, chefe-executivo na Procter & Gamble, fala sobre "ganhar o primeiro momento da verdade", quando a promessa da marca e o preço na loja motivam o cliente a comprar. A fotografia, como a ilustração (discutida na página 142), tem um efeito imediato que sintetiza a promessa de uma marca. Dada a velocidade com a qual a promessa de uma marca precisa ser comunicada, as imagens precisam atrair e manter a atenção dos consumidores.

Imagens fotográficas também têm a capacidade de diferenciar uma marca de outra, para não mencionar um produto de outro. A seleção do conteúdo, o estilo da fotografia, o corte da foto e a escolha da reprodução em cores ou preto-e-branco contribuem para a diferenciação entre uma marca e outra.

Direita: Integridade
A franqueza com que os biscoitos são apresentados nessa embalagem enfatiza a integridade desses produtos, produzidos na Duchy of Cornwall Estates. A qualidade da fotografia faz com você pense que seria quase possível pegar e comer os biscoitos na caixa. Design de Lewis Moberly.

Acima: Valores personificados
Os produtos da Newman's Own baseiam-se na crença de Paul Newman em se comer bem, e os produtos refletem seu objetivo de criar versões nutritivas e naturais dos seus alimentos favoritos. As embalagens apresentam Paul Newman e Joanne Woodward em um pastiche da famosa pintura "American Gothic" criada por Grant Wood, incorporando aos produtos os atributos desses personagens famosos. Designer desconhecido.

Direita: Imagens autênticas
A embalagem apresenta personagens reais que trabalham em Yattendon, uma grande região rural inglesa com um próspero vilarejo. As fotografias não apenas especificam as raízes dos pães em uma tradição inglesa bem real, como dão autenticidade aos produtos. Design de Atelier Works em parceria com a especialista de produto Factory Design.

two Kentish huffkins
ready-to-bake bread
made with Yattendon flour

four Frilsham cheddarwells
ready-to-bake bread
made with Yattendon flour

four onion starvealls
ready-to-bake bread
made with Yattendon flour

YATTENDON ESTATE

Entre dois ou três produtos a escolher, a fotografia também pode ajudar a revelar as características de um produto e transmitir valor, estilo e desejo.

O estilo fotográfico é importante porque está intimamente ligado à personalidade da marca e ao posicionamento de um produto. Southgate acredita que "o principal fator que orienta a escolha de um determinado estilo de trabalho deve ser a personalidade, ou caráter, da marca em questão". A escolha de imagens coloridas em vez de preto-e-branco, a composição e a iluminação das imagens, o figurino ou cenário de uma tomada e o retoque das imagens (para citar apenas algumas decisões que os designers tomam) contribuem para a percepção da marca, sua personalidade e sua relevância para os consumidores.

Direita: Embalagens de dupla ação
A Howies é uma pequena e ética empresa de roupas para ciclistas e skatistas. Esses seus dois principais mercados-alvo são enfocados diretamente na embalagem — um na frente e outro no verso. Ambos são mostrados interagindo com móveis abandonados, comumente encontrados em um ambiente urbano. Design de Carter Wong Tomlin.

Abaixo: Elegância compartilhada
Metáfora e inteligência são empregadas em igual medida nessas fotografias para a linha de produtos da Clarks Shoe Care. O resultado é uma linha de produtos envolvente e não menos poderosa na comunicação dos benefícios do produto individual. Design de Mytton Williams e Clarks' Company Design Team.

howies®
100% Organic Cotton T-Shirt

XL
L
M
S

howies®
100% Organic Cotton T-Shirt

Esquerda: Pedigree em preto-e-branco
A evocativa fotografia em preto-e-branco forma uma parte importante da identidade da marca Chateau St Jean e cria um vínculo visual entre os diferentes produtos. Seu conteúdo e estilo têm um papel importante no estabelecimento da história da marca. Design de Pentagram.

Direita: Sabor fotográfico
Um dos principais objetivos da fotografia de alimentos é a projeção do paladar, e estas foram bem-sucedidas. Apresentadas em um fundo branco simples, cada fotografia revela um sabor. Design de Duffy.

EST. 1853

THOMAS E. WILSON
Fine Quality MEATS

— GUARANTEED —

KEEP REFRIGERATED | SERVING SUGGESTION

U.S. INSPECTED AND PASSED BY DEPARTMENT OF AGRICULTURE EST 7188

Thomas E. Wilson

Carved › **ITALIAN SEASONED PORK ROAST**
Ready In 7 Minutes
Fully Cooked

CONTAINS UP TO 15% OF A SEASONING SOLUTION • CARAMEL COLOR ADDED
COATED WITH A SEASONING MIXTURE

NET WT. 16 OZ. (1 LB.) 454g

Ilustração

Historicamente, as ilustrações foram o primeiro método de apresentação de uma imagem em uma embalagem, mas a invenção da fotografia e o desenvolvimento de tecnologias de impressão resultaram no menor uso das ilustrações. Talvez isso ocorra porque as ilustrações transmitem conotações de trabalho artesanal e tradicionalismo e, no nosso mundo moderno de alta tecnologia, essas noções muitas vezes são percebidas como antiquadas ou irrelevantes. O uso de ilustrações pode ser simplesmente uma preferência pessoal do designer.

    Imagens ilustrativas continuam relevantes hoje por várias razões. Primeiramente, porque ainda há tecnologias e métodos de impressão de embalagens que não permitem que a fotografia seja utilizada. Impressão offset a seco ou serigrafia não são adequadas para imagens em quatro cores por causa do modo como a tinta é aplicada ao substrato. Conseqüentemente, os designers precisam optar entre utilizar uma ilustração que pode ser reproduzida ou simplesmente omitir a imagem.

Direita: Conto tradicional
As autênticas receitas de molhos para massas da Classico vêm da velha Itália, e as ilustrações nos rótulos e nas tampas enfatizam as raízes dos produtos. Design de Duffy.

Abaixo: Macaqueando
Turner Duckworth foi instruído por seu cliente a brincar com o nome da cerveja e fez exatamente isso. O conteúdo e o estilo da ilustração dão suporte à idéia de que a cerveja é de outra época e de outro lugar.

CLASSICO
DI ABRUZZI
PASTA SAUCE

A hearty tomato and meat sauce from the Abruzzi region of Italy

NET WT. 26 OZ

Button pops up when seal is broken.
Refrigerate after opening.

A ilustração também é muito relevante hoje por causa da variedade de estilos disponíveis. Há diversos ilustradores talentosos trabalhando em todo mundo. Isso significa que o processo de comunicar a proposta básica (a essência da marca), de diferenciar uma marca ou produto e de projetar a personalidade da marca podem ser alcançados tanto com ilustrações como com fotografias.

Naturalmente, sempre haverá casos em que uma fotografia oferecerá o melhor resultado dentro do que é exigido, mas como o trabalho aqui apresentado mostra, as ilustrações podem ser modernas, estilosas, naturais, ditadas pela moda, bem-humoradas, envolventes… a lista de adjetivos continua. Como ocorre com a fotografia, é a dinâmica entre o designer e o ilustrador que dá vida a um conceito.

Direita: Gatinha sexy
A Benefit é um bom exemplo de marca que emprega uma ampla variedade de estilos ilustrativos nos produtos – muitas vezes inteligentes e geralmente idiossincráticos. O uso de ilustrações não apenas diferencia a linha de produtos, mas também captura a personalidade da marca. Design de Benefit's Company Design Team.

Abaixo: Sorriso instantâneo
Essa peça bem-humorada baseada na expressão coloquial "say cheese" (literalmente, "diga queijo", equivale ao nosso "diga x") é utilizada com grande efeito para essa câmera descartável da Woolworths. Design de Carter Wong Tomlin.

Ilustração 145

Cor

As cores têm várias aplicações no design de embalagens. Primeiro, elas podem ser utilizadas como parte da identidade de uma marca, ajudando a defini-la visualmente. Ao longo do tempo, e pelo uso contínuo, uma cor passa a "pertencer" a uma marca a tal ponto que, quando um consumidor vê a cor, ele imediatamente a associa com a marca.

Um dos exemplos mais antigos disso é a Bass Beer, que utiliza um triângulo vermelho desde 1855 e que está presente em uma pintura de Edouard Manet, *A Bar at the Folies Bergeres* (1881-82). O exemplo mais freqüente citado hoje é a Coca-Cola. Ela é associada no mundo todo à cor vermelha, tanto que a Pepsi passou por processo maciço de reformulação da marca há vários anos e mudou a cor da sua marca de vermelho para azul a fim de diferenciá-la da Coca-Cola. Cada mercado doméstico tem exemplos próprios. No Reino Unido, a Cadburys é associada ao roxo, e a mostarda Colman ao amarelo, enquanto a marca norte-americana de ferramentas Stanley está associada às cores amarelo e preto.

O domínio de uma cor por somente uma marca é alcançado pelo uso contínuo da cor e pela gestão rigorosa da maneira como essa cor é aplicada. Os designers precisam respeitar o valor visual da marca, criando novos designs a partir de uma paleta de cores predeterminada.

Em segundo lugar, as cores podem ser utilizadas para diferenciar um produto entre os da concorrência. As cores, portanto, tornam-se um importante discriminador visual que assume diferentes níveis de importância com base na quantidade de diferenciação alcançada por outros elementos da embalagem. Se a embalagem estrutural de um produto não for original — como uma caixa de papel-cartão — as cores, combinadas com o conceito geral, podem contribuir para uma melhor diferenciação e destaque na prateleira.

Abaixo: Código de cores
As cores são utilizadas de várias maneiras nessas embalagens da American GNC Vitamin. Primeiro, a linha de produtos é segmentada por meio das cores; segundo, as cores distinguem diferentes informações na frente da embalagem; e terceiro, determinadas características do produto (como quando foi fabricado) são destacadas em um círculo codificado por cores no canto inferior da embalagem. Design de Lewis Moberly.

Direita: Arco-íris de produtos
As cores das embalagens são utilizadas para diferenciar um produto L'Oréal Série Expert de outro. Design de Beef.

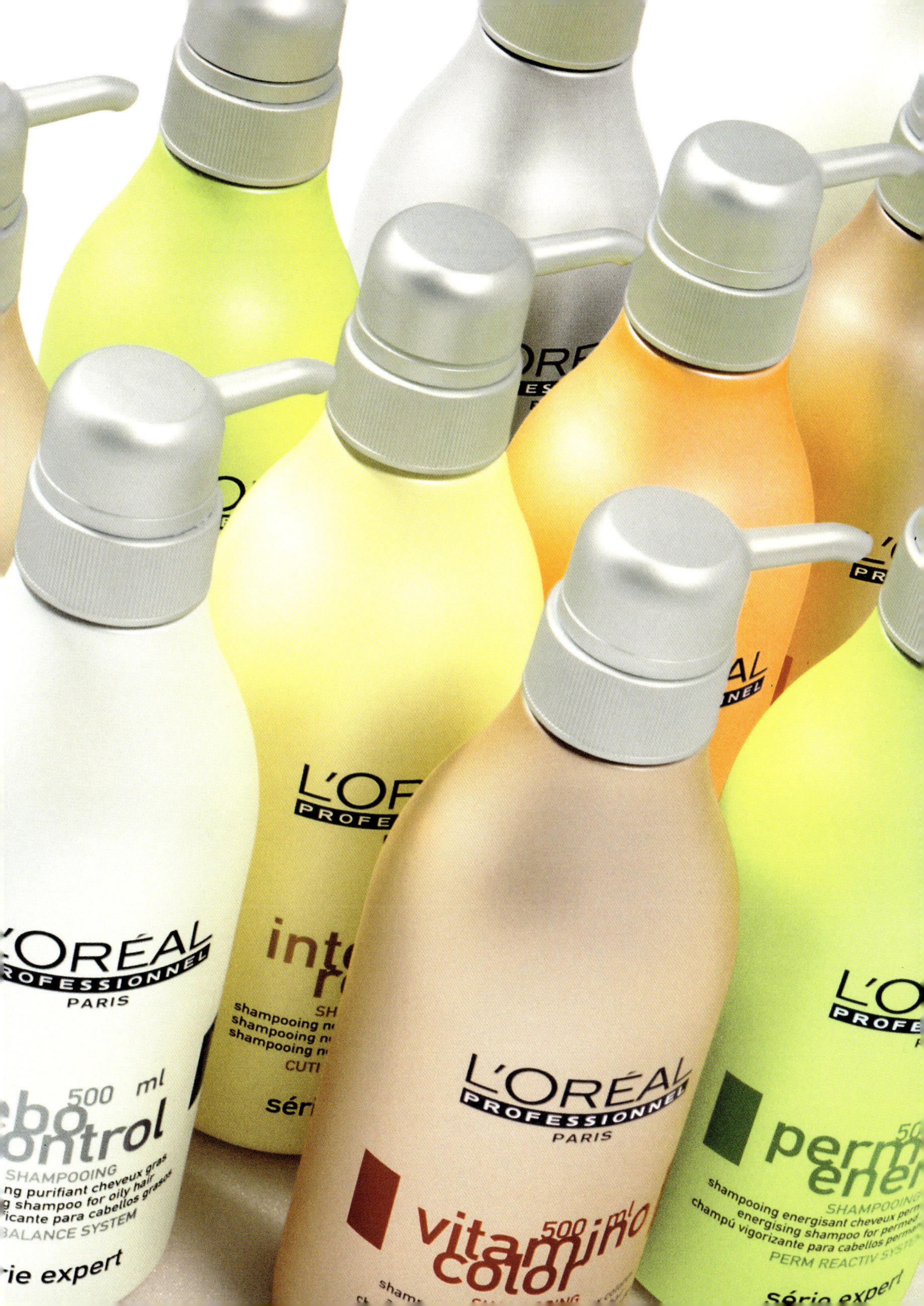

Em terceiro lugar, as cores são amplamente utilizadas para diferenciar produtos em uma linha de produtos. Se uma linha tem dois ou três produtos, ou mais de cem, o que pode acontecer com linhas de produtos alimentícios ou cosméticos, os consumidores procuram ajuda ao pesquisar a hierarquia de produtos para encontrar aquele certo para suas necessidades. Com linhas menores, a seleção de produto pode ser tão simples quanto escolher um sabor à outro. Protetores solares, por exemplo, são divididos de forma simples em produtos que ajudam o bronzeamento e produtos que protegem a pele contra os raios solares. A maioria das principais marcas opta por uma cor para cada tipo de produto a fim de facilitar a diferenciação para os consumidores.

Com linhas muito diversificadas, o processo de seleção pode ser complicado pela complexidade da hierarquia dos produtos. Produtos cosméticos, por exemplo, são divididos em sublinhas – tratamento para a pele, bases, pós faciais, maquiagens, corretivos, blushes, batons, lápis para os olhos e rímel, máscaras, sombras para os olhos etc. –, e cada sublinha pode então ser subdividida de acordo com o tipo ou a cor da pele. A embalagem estrutural ajudará os consumidores a identificar produtos até certo ponto – lápis para olhos têm claramente uma forma diferente das bases –, mas as cores podem desempenhar um papel importante no nível da sublinha para diferenciar um produto de outro – por exemplo, um produto para pele oleosa de um para pele seca ou normal. Ao examinar o expositor do produto, os consumidores são capazes de utilizar as cores para entender que há uma escolha, enquanto o proprietário da marca também pode utilizar as cores para projetar a extensão da sua oferta.

A segmentação por cores pode ser afetada pelas tradições do mercado. Uma marca líder poderia introduzir um sistema de codificação de cores para distinguir seus produtos e, ao longo do tempo, isso poderia se tornar a regra. Os consumidores entendem e esperam encontrar a codificação por cores. Exemplos são pão, leite e tintas. No Reino Unido, onde as tintas de emulsão são comercializadas em diferentes acabamentos, o azul é utilizado para fosco e o verde para brilhante. Compreender essas normas é parte do processo pelo qual um designer passa nas etapas iniciais de um projeto, quando ele planeja a solução de design.

Página ao lado:
O novo preto
Incisivo e surpreendente, o uso da cor une essa linha de produtos alimentícios. No Selfridges Food Hall, que é uma tentação para os olhos, esses produtos se destacam de maneira impressionante. Design de R Design.

Direita: Preto e creme
As cores preta e creme das garrafas Guinness espelham a própria bebida, transformando perfeitamente a embalagem em uma síntese da marca. Design de PI Design.

SELFRIDGES&Co
FENNEL BISCUITS
SELFRIDGES&Co
APPLE & CINNAMON BISCUITS
SELFRIDGES&Co
CHAMPAGNE BRUT
produce of France, MA-2851-20-00245, Élaboré à Pargny-Les-Reims par Médot et Cie à Reims, France.
SELFRIDGES&Co
CHARDONNAY VIN DE PAYS D'OC 2001
SELFRIDGES&Co
MERLOT VIN DE PAYS D'OC 2001
SELFRIDGES&Co
RUNNY HONEY WITH HONEYCOMB
SELFRIDGES&Co
CLEAR RUNNY HONEY
SELFRIDGES&Co
CRANBERRY & ORANGE SAUCE
SELFRIDGES&Co
APPLE & MINT SAUCE
SELFRIDGES&Co
BLACK-CURRANT JAM
SELFRIDGES&Co
RASP-BERRY JAM
SELFRIDGES&Co
MEDIUM CUT ORANGE MARMALADE
SELFRIDGES&Co
ORANGE & WHISKEY MARMALADE

Símbolos e ícones

Em um interessante artigo no periódico *Brand Strategy* (edição de março de 2003), Michael Peters, do estúdio de design Identica, defende um aumento no uso de ícones por conta de sua força e universalidade intrínsecas: "O sistema de sinalização de trânsito é uma excelente manifestação do uso da iconografia para expressar informações valiosas de uma maneira simples. Independentemente de onde você esteja no mundo, ou de qual idioma você fale, ser capaz de reconhecer um sinal de que mais adiante há uma curva à direita, ou entender que você está se aproximando de um declive íngreme, é algo simples e direto."

A capacidade dos ícones de transmitir informações de maneira rápida e sucinta resultou no seu uso disseminado nas embalagens. Esse uso é diversificado e multifuncional. Assim como uma imagem, um símbolo ou ícone também pode transmitir com eficiência a proposição de uma marca. Como a embalagem do Boots Repel Plus (à direita) ilustra, esses recursos podem resumir a proposição de uma marca com bastante eficácia, não apenas capturando a atenção do consumidor, mas comunicando-a imediata e inequivocamente. Decidir utilizar um símbolo ou ícone também pode ser parte da estratégia de diferenciação de uma marca.

Alternativamente, símbolos e ícones podem ser utilizados para revelar e explicar as características e os benefícios de um produto, permitindo que os consumidores avaliem se ele satisfaz suas necessidades ou desejos. O número de recursos utilizados também pode ser manipulado para transmitir uma quantidade maior de benefícios do que aquele da concorrência, ou revelar as diferenças dentro da linha de produtos de uma marca. Isso é útil para produtos como ferramentas elétricas, caso em que os consumidores comparam e contrastam diferentes produtos.

Símbolos e ícones têm outras utilidades. Eles podem dar suporte às instruções de uso, seja complementando o texto, seja atuando como um meio próprio de informações, como um tipo de abreviatura. A maioria das latas de tinta utiliza essa combinação de ícones e texto para explicar de maneira simples aos consumidores como aplicar a tinta, o quanto ela rende, quanto tempo demora para secar e como lavar os pincéis.

Na nossa era de marcas globais, os símbolos também são utilizados para identificar diferentes idiomas, a fim de que os consumidores possam localizar seu respectivo idioma rapidamente. Às vezes, os designers utilizam as iniciais ou as bandeiras de um país. De uma maneira ou de outra, esses recursos costumam também

Página ao lado:
Ícones poderosos
Como uma cópia trilíngüe era um componente necessário da embalagem da Black & Decker, o estúdio Duffy criou uma série de ícones para facilitar a comunicação de um grande volume de informações mais rapidamente.

Direita: Área restrita
Proposição poderosa, idéia simples, comunicação imediata. Design de Lippa Pearce.

Símbolos e ícones

economizar espaço, o que normalmente é um recurso escasso na maioria das marcas globais.

Atualmente, símbolos e ícones também se tornaram um meio universalmente aceito de transmitir informações ambientais e sobre a adequabilidade do produto, bem como avisos e advertências. A maioria das embalagens contém algum tipo de informação sobre o meio-ambiente, como a de se um produto é reciclado ou reciclável. Da mesma forma, embalagens de produtos alimentícios hoje contêm uma infinidade de símbolos ou ícones para alertar os consumidores sobre a adequabilidade de um produto a certos grupos, como vegetarianos ou alérgicos. Esse tipo de rótulo de produto parece, por vezes, chegar a extremos – por exemplo, quando um supermercado rotula um pepino como sendo adequado a vegetarianos.

Por fim, devido aos perigos inerentes relacionados aos ingredientes ou mecanismos de entrega de um produto, a embalagem precisa conter advertências sobre se o produto é inflamável ou nocivo, ou o que fazer em caso de uso indevido. Desodorantes podem explodir se jogados no fogo e outros produtos podem ser prejudiciais à pele e aos olhos se manuseados com descuido. Nesse contexto, normalmente símbolos e ícones são características altamente visíveis de uma embalagem que alertam os consumidores para terem cuidado.

Qualquer que seja o uso dos símbolos ou ícones, seu poder reside na capacidade intrínseca de comunicar uma mensagem de maneira simples e universal. Criar esses recursos torna-se, portanto, um exercício de redução tanto da mensagem como do formato a formas mais simples. Bons símbolos e ícones transcendem a interpretação – seu significado é óbvio para todos aqueles que os vêem.

Direita: Elementos visíveis
Ícones são utilizados na parte da frente da bisnaga Dead Sea Elements para comunicar as vantagens de cada produto – como relaxamento, refrescância, hidratação, purificação, equilíbrio e nutrição. Cada ícone é impresso em uma cor prata que contrasta com outras cores da bisnaga. Design de Lippa Pearce.

Abaixo: Perigo claro e presente
Símbolos de advertência padrão, utilizados para alertar os consumidores quanto à necessidade de manusear esse produto com cuidado, são integrados ao rótulo deste spray metálico. Design de Lippa Pearce.

dead™ sea

aloe vera balsam
for all skin types

a rich mineral formula to
soothe, refresh and moisturise

Acabamentos e efeitos

Há momentos em que você vê parte da embalagem, ou sente-a nas mãos e percebe fatores como qualidade, exclusividade, refinamento e luxo. A embalagem ou agrega esses atributos ao produto ou torna-se valiosa por si só. Em alguns setores, como cosméticos, produtos de luxo, vinhos finos e bebidas destiladas, a prática aceita é investir em acabamentos e efeitos que agreguem à embalagem qualidades que chamam a atenção dos consumidores e falam a "linguagem da qualidade" certa.

Os designers empregam acabamentos e efeitos como hot stamping, vernizes, laminados, baixo e alto-relevo, corte e vinco com faca ou corte a laser. Todos são utilizados para manipular as percepções dos consumidores ou envolver seus sentidos de modo que a mensagem correta seja transmitida.

O uso desses recursos exige um toque leve e diferenciado. O uso excessivo de um acabamento resulta na perda do seu destaque. Cada acabamento ou efeito pode comunicar uma mensagem bem diferente com base no contexto (em qual setor do mercado a marca está), estilos (o que é percebido como moderno, contemporâneo, de ponta) e as associações e expectativas dos consumidores. Em alguns casos, um laminado dourado de alto brilho terá uma boa aparência, mas em outros pode parecer extravagante e brega. Um verniz brilhante pode dar à embalagem o toque necessário em um determinado mercado, mas em outros os vernizes foscos mais sutis ou acetinados são mais elegantes. O uso de laminados perolados em produtos voltados ao mercado jovem, como CDs, pode ter um excelente impacto, mas estaria completamente fora de contexto em outros setores, como o de perfumes.

Direita: Laminado perfeito
A laminação metálica do logo da De Beers agregou valor à marca e adicionou um "momento" de contraste, sóbrio e contido, com o restante da embalagem. Design de Dew Gibbons.

Abaixo: Design cortante
O corte moldado da janela nessa embalagem foi empregado como um efeito criativo. Design de The Nest.

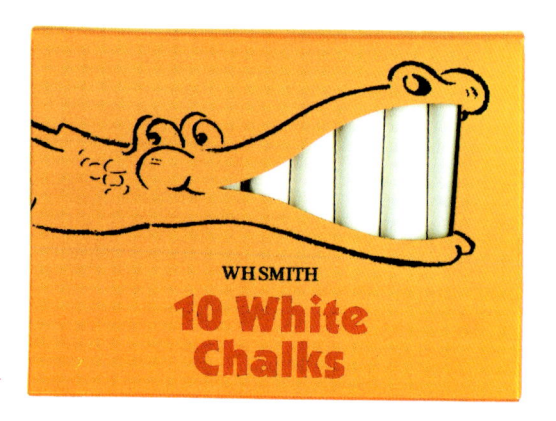

DeBeers

O mundo das embalagens é caracterizado por constantes inovações nas tecnologias de impressão e produção. Novos acabamentos são disponibilizados e, seguidamente, tornam-se a sensação do mês, mas é importante que os designers não percam de vista o fato de que recursos como impressão em baixo e alto-relevo devem dar suporte à proposta da marca, não suplantá-la. Mais uma vez, isso está ligado com o briefing e o entendimento de como o uso desses recursos permite que a solução de embalagem atraia, envolva e repercuta nos consumidores.

Direita: Hot stamping ouro
O hot stamping é freqüentemente utilizado para enfatizar ou contrastar um acabamento. Aqui, ele é empregado exclusivamente na parte frontal das garrafas para reforçar a raridade do xerez. Design de Blackburns.

Abaixo: Caixa da Fellissimo
O efeito dessa embalagem da Fellissimo está na maravilhosa surpresa que você tem ao abrir a caixa, e nas cores supersaturadas. Design de Sayuri Studio.

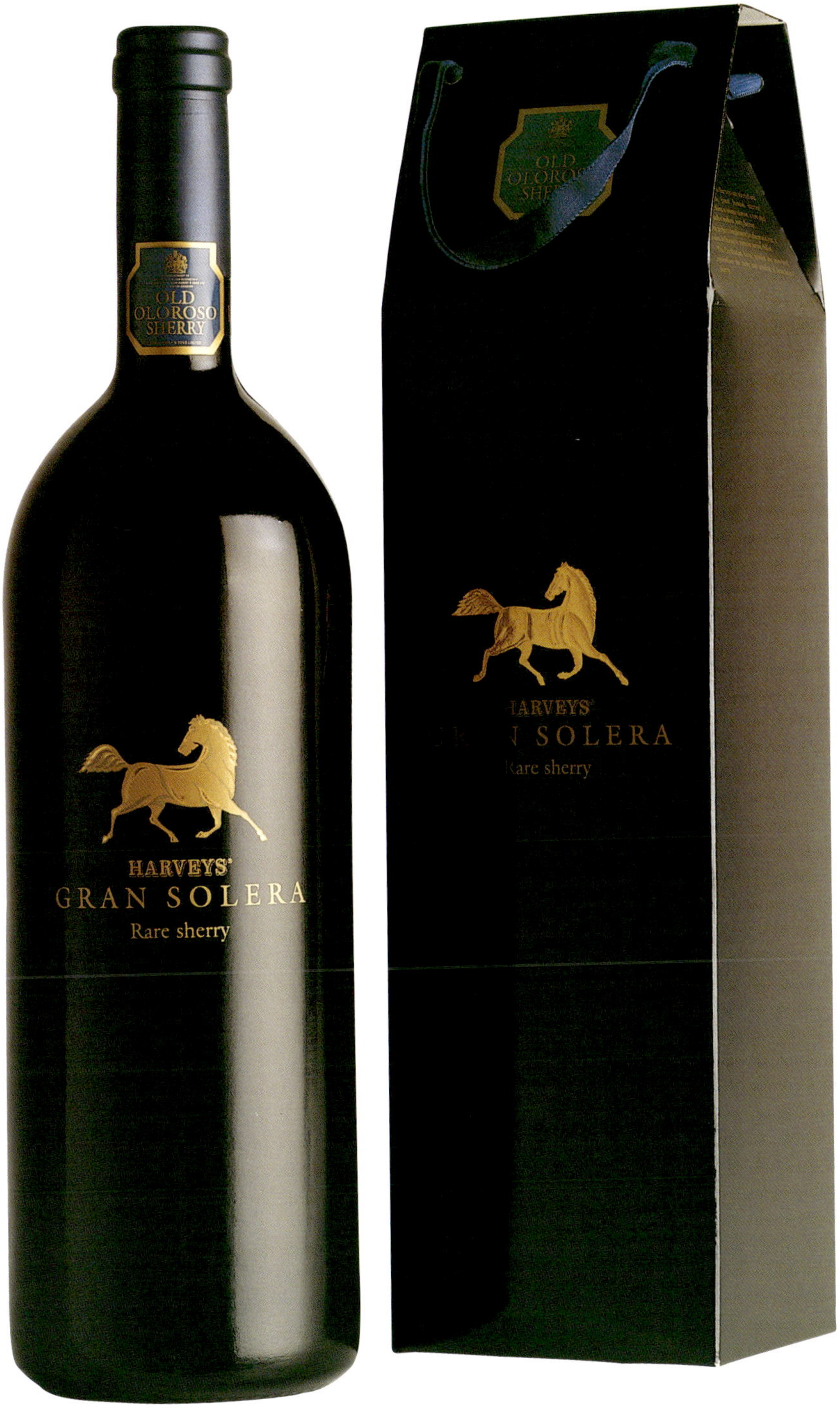
OLD
OLOROSO
SHERRY
HARVEYS
GRAN SOLERA
Rare sherry

Pesos, medidas e códigos de barra

Todas as embalagens devem conter algumas informações relacionadas a peso, medidas e códigos de barra, e cada país tem algum órgão que administra e fiscaliza o uso das informações e dos símbolos corretos. A maioria dessas informações deve proteger o consumidor e regulamentar os pesos e as medidas dos produtos.

Produtos provenientes dos países da Comunidade Européia, dos EUA, do Canadá, da Austrália e do Japão trazem códigos de barra contendo um identificador do país, um número de referência do fabricante e um conjunto único de dígitos identificadores, que se tornaram parte inseparável dos processos de demanda e suprimento de varejistas e fabricantes. Do ponto de vista do designer, códigos de barra são uma maneira importante de rastrear as vendas de um produto e demonstrar a eficácia comercial do design.

Os designers precisam entender as exigências legais das informações, especialmente os requisitos relacionados à exposição de certos tipos de informações na face primária de venda, bem como as restrições relacionadas à exposição dos códigos de barra, uma vez que a omissão ou o uso incorreto delas pode ser onerosa.

Código cômico:
Uma abordagem nova ao posicionamento do código de barras foi empregada no design dessa embalagem da pasta de dentes da Clinomyn Smokers. Design de The Chase.

Pesos, medidas e códigos de barra 159

Portfólios

Quem escolher para ilustrar o alcance e a diversidade das soluções do design de embalagens?

Quis começar coletando criações de designers que trabalham no mundo todo, e não apenas das assim chamadas "capitais do design", como Londres ou Nova York. O design é composto por uma comunidade grande e diversa, e achei importante pelo menos tentar mostrar trabalhos de todos os continentes. Fazendo isso, talvez diferentes estilos e sensibilidades possam ser revelados. Para mim, um dos aspectos intrigantes do estúdio Curiosity é que ele foi co-fundado por um francês e um japonês, duas pessoas com uma herança cultural e história visual bem diferentes, o que é demonstrado em seus trabalhos.

Também quis ilustrar o trabalho de designers cujo foco é principalmente o design de embalagens, e mostrar o trabalho de profissionais com uma abordagem mais multidisciplinar. Minha própria prática costuma envolver diferentes disciplinas do design e, freqüentemente, comentamos com os clientes o efeito positivo que tem sobre nossas equipes de design trabalhar em vários projetos diversos simultaneamente. Também falamos a eles sobre a maneira como a criação de identidade, por exemplo, pode influenciar o design de embalagens e como o design impresso pode afetar o design dos elementos gráficos informativos. Em grande medida, isso está relacionado a uma mente aberta e receptiva, e ao entendimento de como o desenvolvimento de mensagens para brochuras pode ajudar a criar comunicações poderosas nas com mais de um escritório em mais de um país). Agências como a Pentagram e a Turner Duckworth, para não mencionar nossa agência, acreditam no envolvimento ativo dos responsáveis pelo design, e não apenas da gerência ou dos profissionais de marketing. O estúdio Duffy, com escritórios em todo mundo, é diferente, mesmo assim seu trabalho demonstra um senso estético coletivo e um foco na qualidade, na imaginação e na criatividade.

Por último, mas não menos importante, incluí projetos da Shiseido como um exemplo do trabalho de um estúdio de design interno. Há inúmeros designers em todo mundo contratados por estúdios internos. Julguei interessante apresentar o trabalho de um estúdio que produz constantemente projetos criativos, refinados e de qualidade, e que ilustra claramente um reconhecimento da contribuição do design à marca.

Provavelmente, há pessoas que não concordam com a minha escolha, mas espero que pelo menos elas encontrem inspiração no trabalho apresentado e também a confirmação de que o design de embalagens é realmente criativo e poderoso. E que está em constante reinvenção.

Arnell Group

No seu site, o Arnell Group informa que "cria e aprimora o valor proprietário de ativos de marcas para os principais profissionais de marketing que valorizam a inovação e a transformação. Nossa contribuição é ajudar a identificar e abordar oportunidades estratégicas por meio da inovação e da ruptura construtiva do pensamento convencional. Essencialmente, fornecemos aos consumidores interações emocionais e experienciais fortes relacionadas a uma marca e fornecemos às empresas recursos, idéias, estratégias, criatividade, comunicações, produtos e associações necessários para melhorar a imagem, as vendas, o alcance e a atratividade."

Uma subsidiária independente do Omnicom Group, o Arnell Group é uma empresa de design diferente de algumas das outras empresas apresentadas nesta seção, mas não menos comprometida com a produção de um trabalho interessante com qualidade e estilo.

Reserva especial
Embalagem para a tequila especial Don Julio, produzida integralmente a partir do agave azul, cultivado nos vales do México. O rótulo com um mapa topográfico reflete a região de origem, enquanto a tampa rústica e a bolsa de couro são um toque moderno que evoca as tradições artesanais mexicanas.

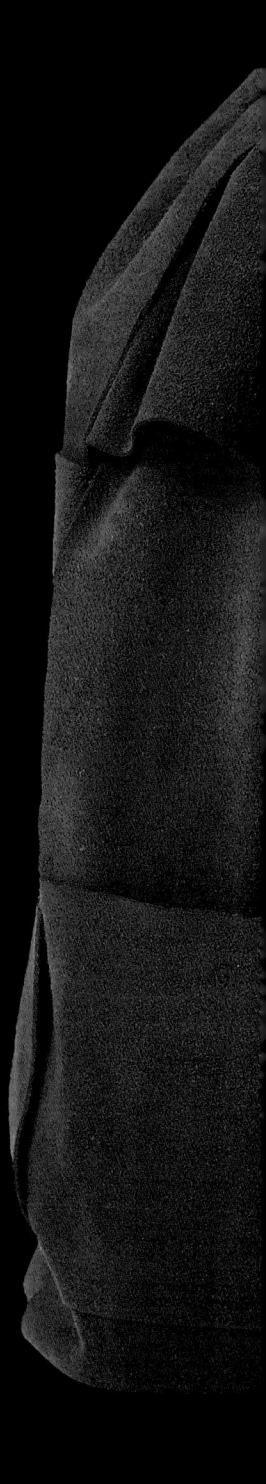

AÑEJO

RESERVA DE
DON JULIO

PRODUCED AND BOTTLED UNDER SUPERVISION OF THE MEXICAN
GOVERNMENT BY TEQUILA TRES MAGUEYES S.A. DE C.V.,
PORFIRIO DIAZ 17, ATOTONILCO EL ALTO, JALISCO, MEXICO.

100 % Blue Agave • Product of Mexico • 40% alc. vol. 750 ml

Direita: Smoking
Criado pelo PASS Entertainment, a linha de charutos nobres Zino Platinum visa um consumidor jovem, moderno, ambicioso e urbano. O estojo metálico é uma variação de uma caixa de fósforos tradicional, e inclui espaço para três charutos, fósforos e uma área para bater as cinzas na lateral do estojo interno.

Página ao lado: Quebrando a grade
Desenvolvido para a Masterfoods, fabricantes da família de chocolates Mars, o protótipo da barra de chocolate Haven troca o molde quadrado tradicional por um padrão triangular. As formas das novas fatias variam em tamanho e são divertidas de quebrar, comer e dividir com outras pessoas.

chocolate haven

MILK CHOCOLATE NET WT 1.51oz 43g

Simplesmente elegante
Uma expressão da beleza na simplicidade, essa embalagem de peças de roupas para a Henri Bendel Body utiliza um texto limpo e uma combinação de velino congelado sobre fotografias em preto-e-branco para criar uma aparência elegante e sofisticada.

HENRI BENDEL
BODY

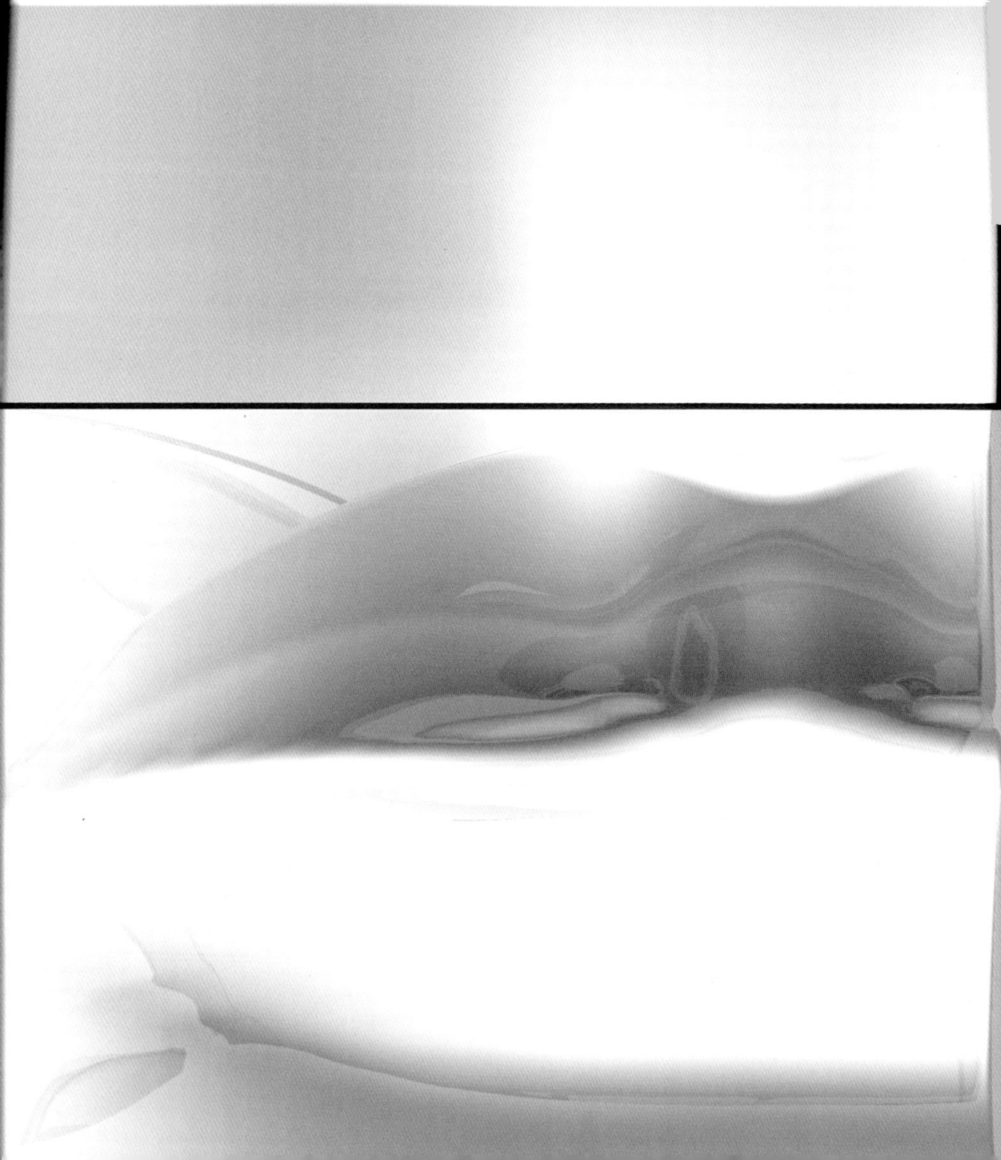

Esquerda: Moldado no corpo
Um componente de uma série inconfundível de produtos desenvolvidos para a atriz e cantora Thalia, para serem vendidos nas lojas Kmart. A forma do frasco é inspirada no formato dos lábios da famosa cantora latina.

Abaixo: Torso perfeito
Inspirada na obra do escultor Antonio Canova, essa embalagem moldada, para a Playboy Underwear, destaca a relação entre o artigo de vestuário e a forma do corpo embaixo.

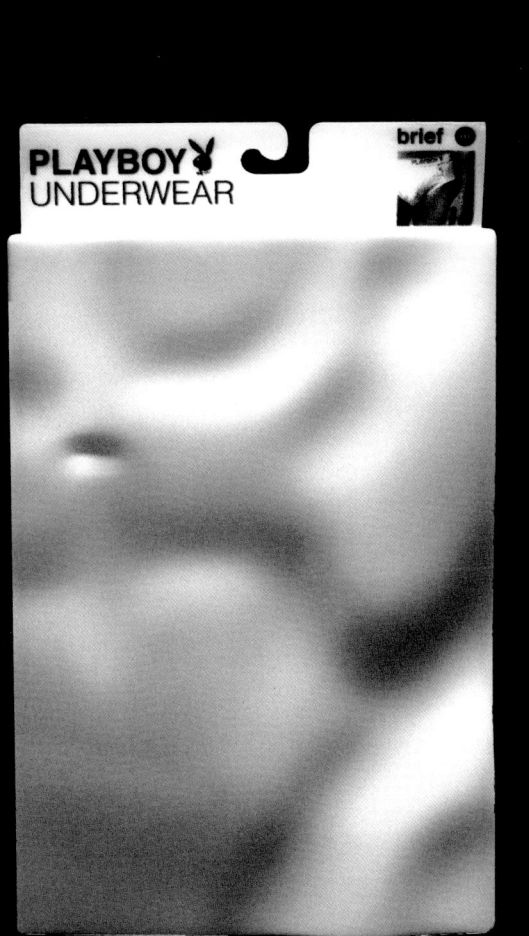

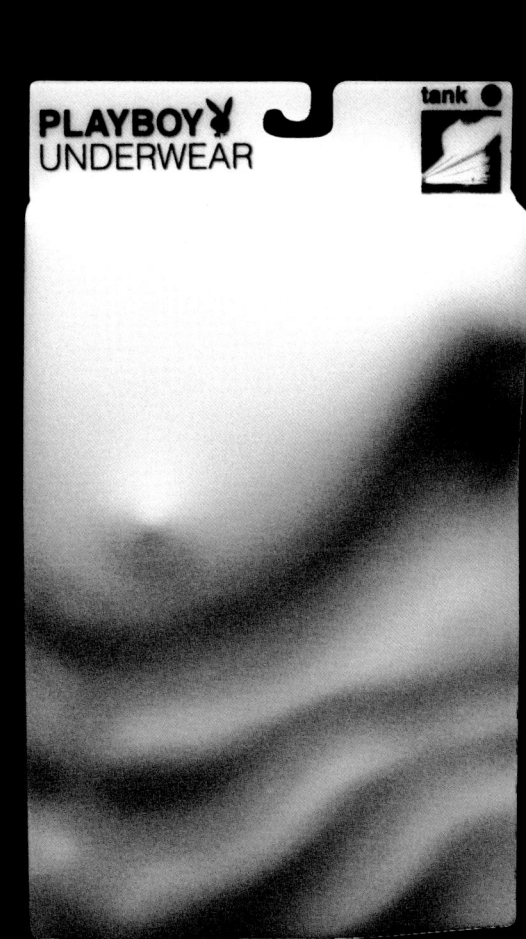

Curiosity

O Curiosity é um estúdio de design situado em Tóquio e estabelecido em 1998 pelo designer francês Gwenael Nicolas e seu parceiro japonês, Reiko Miyamoto. O trabalho desse estúdio abrange vários campos do design – como cosméticos, produtos, mobília e interiores – para clientes como Henri Charpentier, Jean Paul Gaultier, Kanebo, Issey Miyake, Yves Saint Laurent, Levi's Dockers, Nintendo, Pioneer, Sony, Tag Heuer e Van Cleef and Arpels.

No livro *Perfume X Perform* do estúdio Curiosity, o jornalista Noriko Kawakami descreve sua abordagem: "Criar uma atmosfera em torno de um objeto que possa ser transferida a um fluxo do tempo é o ponto crucial de como os designs do Curiosity funcionam, independentemente daquilo com que os designers estão trabalhando. Essa exortação estimula Gwenael Nicolas, Reiko Miyamoto e todos os membros do estúdio Curiosity a irem além dos limites territoriais do design de modo que continuem criando histórias."

Lendo o que o estúdio Curiosity diz sobre ele mesmo, fica claro que ele valoriza a invenção, a simplicidade perfeita e os "caminhos da descoberta", que, acima de tudo, permitem às pessoas interagir com as embalagens e os produtos desse estúdio. O projeto apresentado é um exemplo perfeito dessa filosofia. Visualmente, o trabalho é estonteante. Ele envolve surpresa e descoberta, toque e sensualidade e como transformar algo utilitário – uma parte da embalagem – em um produto belo e que agrega valor.

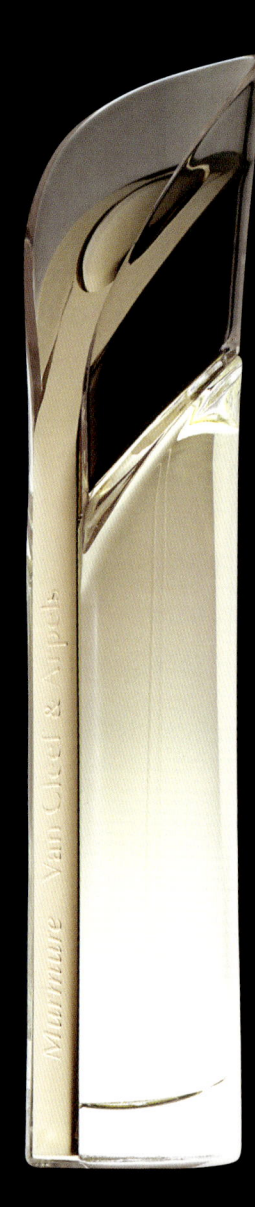

Direita: Não-embalagem
O triunfo dessa embalagem da Issey Miyake Me é que ela funciona por causa do seu contexto. Em essência um tubo simples que contém a roupa, permitindo que ela seja exibida em um display do tipo máquina de venda automática e transportada, a embalagem deriva seu valor do ambiente da marca. Os consumidores reconhecem o que a marca Issey Miyake significa e, por isso, aceitam essa peça como uma "não-embalagem" sem enfeites.

Esquerda: Beleza floral
A natureza e as flores são duas fontes de inspiração de Van Cleef and Arpels para suas jóias, e essas mesmas inspirações estão por trás do design do estúdio Curiosity para a fragrância Murmure. O objetivo era criar uma forma simples e moderna, mas que, de alguma maneira, também fosse eterna e bela. O formato elegante e esbelto da garrafa sem tampa da fragrância culmina em uma cabeça esculpida, lembrando uma flor.

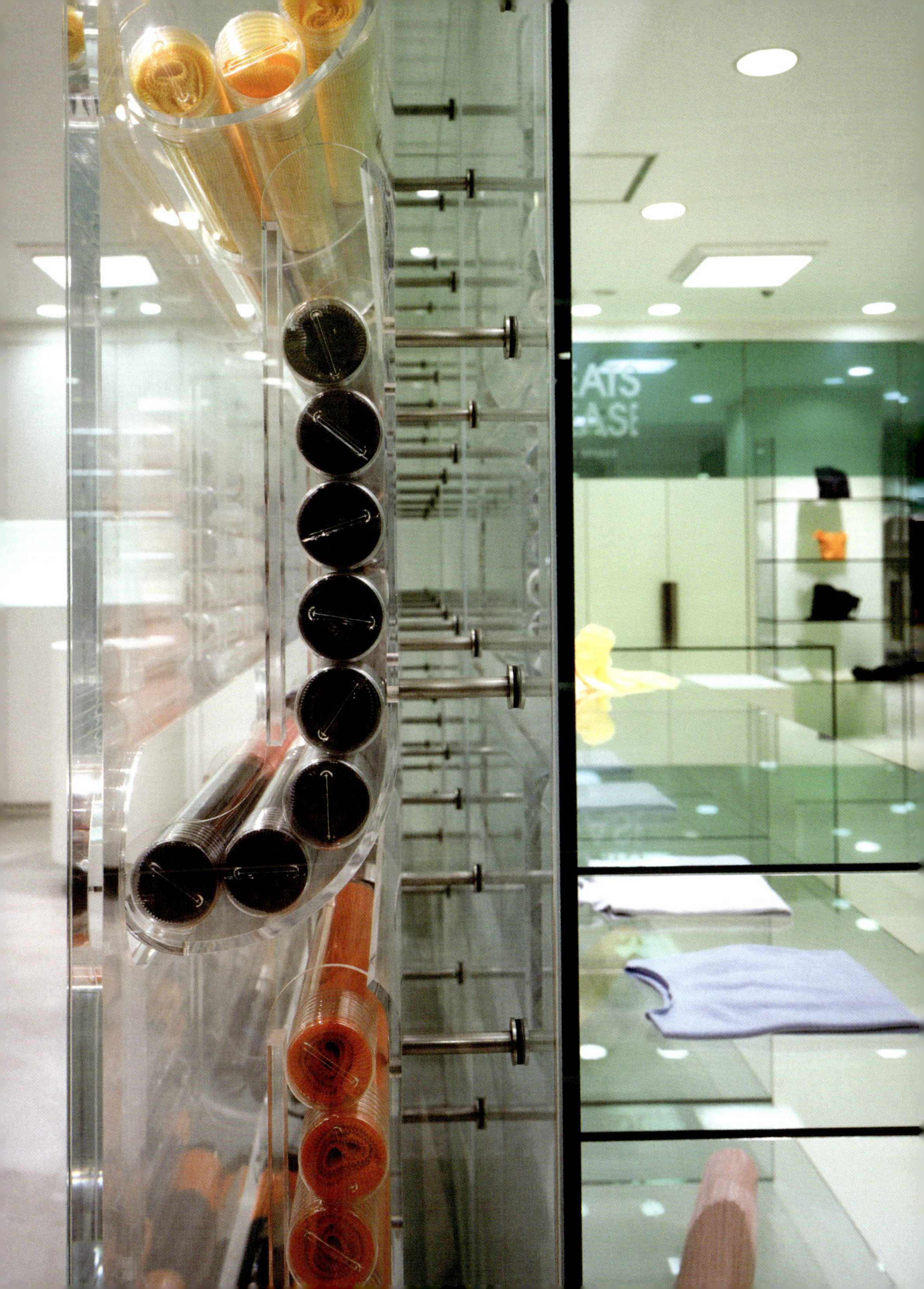
EATS

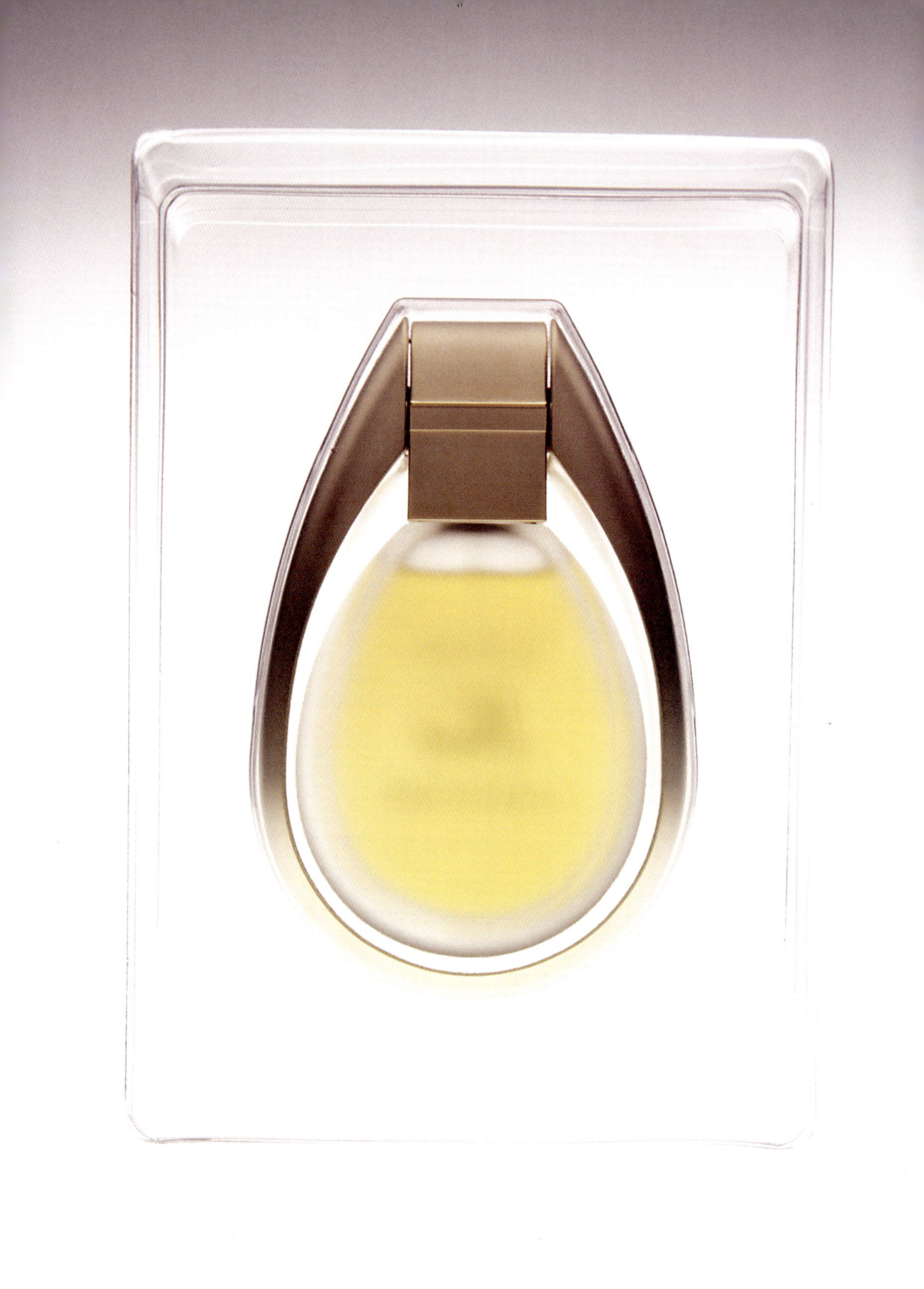

Originalidade em primeiro lugar
A beleza intrínseca dos designs do estúdio Curiosity para a fragrância First da Arpels and Van Cleef, combinada com uma estrutura bem-equilibrada baseada no desenho de uma jóia, é uma demonstração gráfica dos seus três pilares de design: invenção, simplicidade e descoberta.

Esquerda: Só para homens
Uma das características significativas dessa embalagem da Zanzibar é o componente vermelho. Ele simboliza uma pedra preciosa, remetendo à história da Van Cleef and Arpels como joalheria. Para acentuar as cores e também expressar masculinidade, um sistema de spray oblíquo foi incorporado e foi utilizado alumínio na construção estrutural do spray.

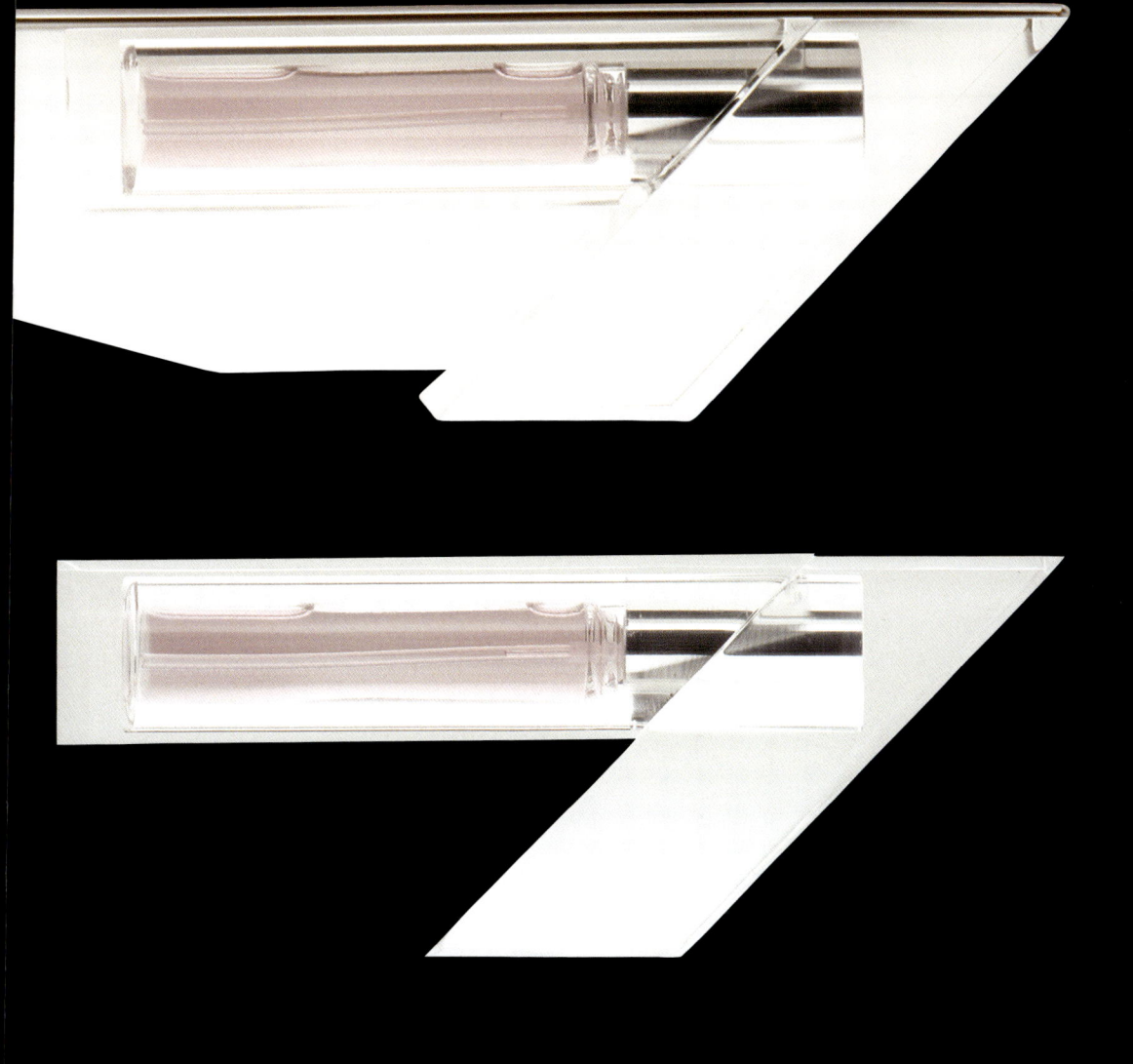

Acima: Marca própria
A embalagem do perfume do estúdio Curiosity é um trabalho feito com amor, um investimento em tempo e em perícia, o que resultou em uma embalagem exclusiva.

176 Invenção, simplicidade e descoberta

Esquerda: Personificação criativa
O estúdio Curiosity afirma: "Um design figurativo só funciona quando a imagem da marca transmite uma mensagem imaginária e narrativa" e é inegável que, com Jean Paul Gaultier, você está lidando com uma marca que gera inúmeras associações nas mentes dos consumidores. Para mim, uma dessas associações é a sagacidade, e o design de Le Male Vapo Biscotto personifica essa característica.

Direita: Qualidade essencial
Atenção aos detalhes e impacto minimalista fazem parte de toda essa linha de óleos essenciais japoneses. O fundo da garrafa cônica é redondo e gira com um pequeno toque. Isso não apenas abre a tampa como também envolve o usuário com seu efeito rítmico. A embalagem externa, com um processo de abertura de três passos, transmite a qualidade e a preciosidade dos óleos.

Doyle Partners

Doyle Partners é um estúdio situado em Nova York que cria embalagens, programas de identidade, revistas e livros, CDs, instalações, sinalização, ambientes e até mesmo produtos para uma ampla lista de clientes.

"O que distingue nosso trabalho", relata o diretor de criação Stephen Doyle, "é que começamos cada projeto examinando o contexto do trabalho final. Tentamos entender a mentalidade do cliente e o ambiente no qual o produto será consumido". Como resultado, o design de embalagens criado por esses profissionais chama a atenção e envolve as mentes dos consumidores com sua objetividade, clareza e criatividade.

O que caracteriza o estúdio Doyle Partners são disciplina e imaginação na mesma medida. A variedade dos projetos com que trabalha estimula o espírito criativo dos designers e, limitando o número em um dado momento, mantém os profissionais concentrados nas necessidades dos seus clientes. O que une todos os designers é "uma paixão honesta pelo poder da comunicação e do diálogo – e uma determinação prioritária em relação ao uso das cores certas".

Design sobre duas rodas
O papel metálico da uma cor viva ao conjunto de caixas *Art of the Motorcycle*, *Easy Rider* e *The Wild One* para o Guggenheim. A combinação de tipografia arrojada e uso envolvente da fotografia resulta em uma embalagem formidável.

MOTORCYCLE
THE ART OF THE MOTORCYCLE
EASY RIDER
THE WILD ONE
GUGGENHEIM·COM

| INDONESIA | Bali | Golden Rain |

O Nonesuch Explorer é um arquivo com mais de 90 CDs de *world music*, contendo músicas nativas de todas as partes do mundo. Para acompanhar o seu relançamento, o estúdio Doyle Partners criou uma nova embalagem para o arquivo utilizando belas imagens em preto-e-branco de fotógrafos da agência Magnum – como Henri Cartier-Bresson, Abbas, Marc Riboud e Rene Burri – a fim de transmitir o espírito das músicas em vez de tentar criar uma ilustração direta delas. Os CDs empregam um código de cores que ajuda a diferenciar regiões, países e títulos, e dá à série uma identidade gráfica nas lojas de discos.

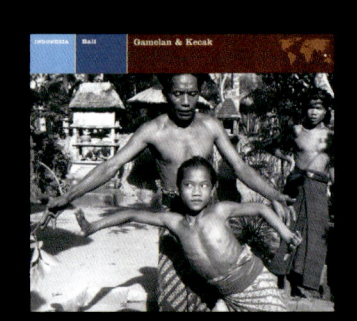

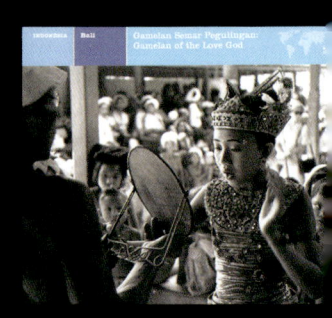

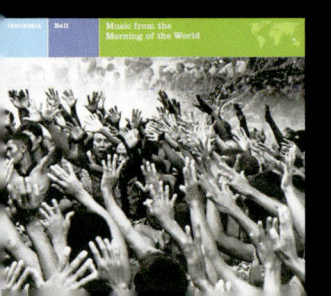

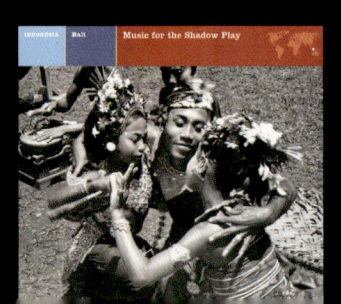

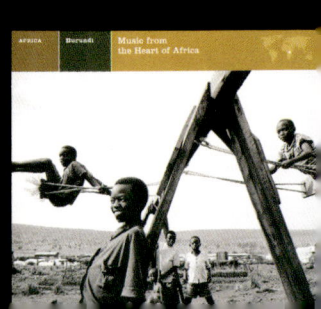

AFRICA	Animals Of Africa	Sounds of the Jungle, Plain & Bush
INDONESIA	Bali	Gamelan & Kecak
INDONESIA	Bali	Gamelan Semar Pegulingan: Gamelan of the Love God
INDONESIA	Bali	Music from the Morning of the World
INDONESIA	Bali	Music for the Shadow Play
AFRICA	Burundi	Music from the Heart of Africa

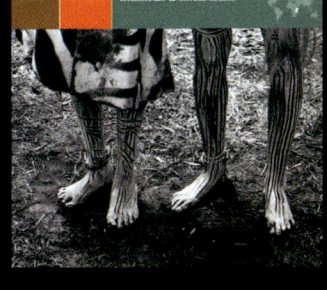

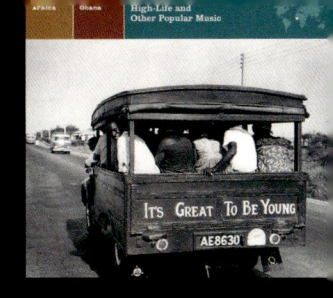

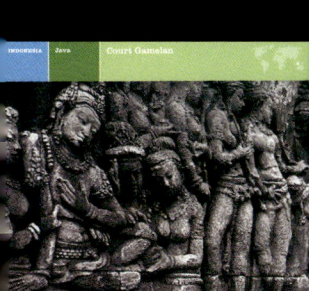

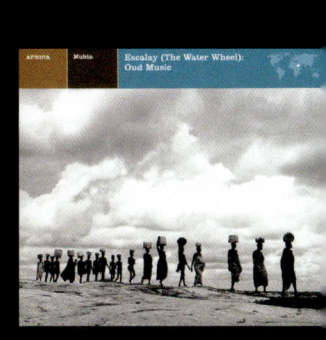

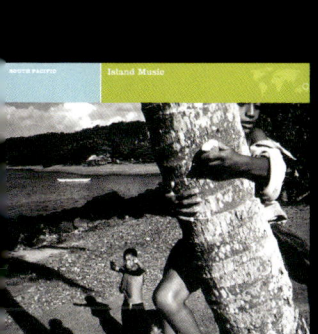

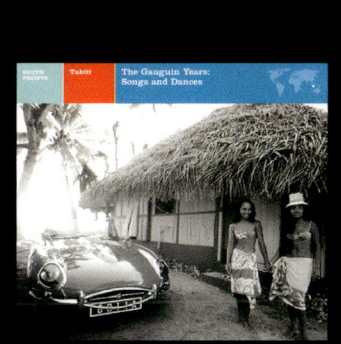

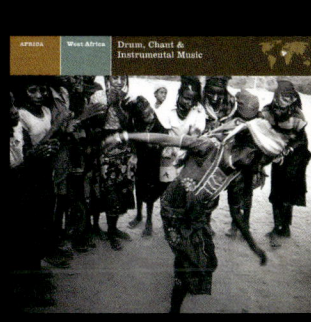

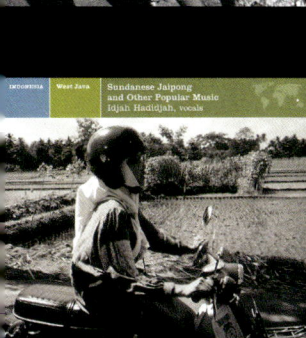

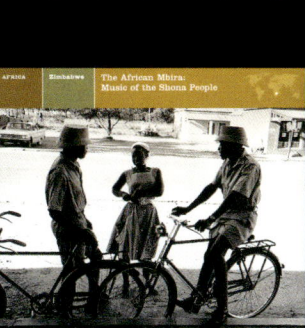

AFRICA / East Africa — Ceremonial & Folk Music	**AFRICA / East Africa** — Witchcraft & Ritual Music	**AFRICA / Ghana** — High-Life and Other Popular Music
INDONESIA / Java — Court Gamelan	**INDONESIA / Java** — The Jasmine Isle: Gamelan Music	**AFRICA / Nubia** — Escalay (The Water Wheel): Oud Music
SOUTH PACIFIC — Island Music	**SOUTH PACIFIC / Tahiti** — The Gauguin Years: Songs and Dances	**AFRICA / West Africa** — Drum, Chant & Instrumental Music
INDONESIA / West Java — Sundanese Jaipong and Other Popular Music — Idjah Hadidjah, vocals	**AFRICA / Zimbabwe** — The African Mbira: Music of the Shona People	**AFRICA / Zimbabwe** — The Soul of Mbira: Traditions of the Shona People

RY COODER   MANUEL GALBÁN

MAMBO SINUENDO

Esquerda: Clima dos anos 50

Mambo Sinuendo e o ultimo album gravado por Ry Cooder em Cuba, e e um trabalho em conjunto com Manuel Galban. O design da embalagem do CD evoca o espirito de festa e liberdade dos anos 50, personificado pelo Fleetwood Cadillac 1959 e pela ideia de cair na estrada com o radio a todo volume. Os EUA impuseram seu embargo a Cuba em 1960, portanto, a historia automotiva simplesmente parou na ilha a partir de 1959. Impressa sobre papel metalico, a fotografia teve a granulação estourada, dando-lhe a caracteristica de uma impressão tecnicolor de baixa qualidade e de um pouco de rum no meio do trabalho.

Direita: Espírito flamengo

A embalagem bem-humorada para a Brewery Ommegang usa a bandeira belga, iconografia flamenga e desenhos do personagem de quadrinhos Tintin. Tom Kluepfel, diretor de criação na Doyle Partners, descreve sua inspiração: "Depois de visitar o festival Ommegang em Bruxelas, fui imediatamente arrebatado pela irresistível riqueza cultural dos belgas – uma nação orgulhosa e alegre, onde a produção de cervejas é um negocio reverenciado e a confraternização, uma paixão." O design para cada tipo de cerveja é atraente, e, sob uma inspeção mais cuidadosa, deixa transparecer a improvavel sabedoria belga como: "O primeiro cervejeiro americano foi um belga que chegou no navio Mayflower".

Design cotidiano
O design do estúdio Doyle Partners para a embalagem da Martha Stewart cria uma identidade visual poderosa e dá coesão a uma ampla série de produtos que abrangem utensílios domésticos, produtos para a casa, artigos para bebês, produtos de jardinagem e tintas. Vendidos pelo Kmart, os produtos muitas vezes ocupam uma área com mais de 9 metros, fornecendo à marca uma presença maciça na loja. A própria embalagem reflete os princípios da marca Martha Stewart de inspiração e informação, tendo como base o display de produtos, as cores exuberantes e o texto acessível.

$1.29 NET WT. 380 MG
MARTHA STEWART everyday
wildflower
purple coneflower
$1.39 NET WT. 200 MG
grow for flowers or pods
love-in-a-mist
'HEAVENLY BLUE'
$1.39 NET WT. 275 MG
'SONATA WHITE'
cosmos
chinese lanterns
'MAMMOTH RUSSIAN'
sunflower
$1.39 NET WT. 500 MG
ideal for cutting
'PURITY'
zinnia
A-Z ANNUALS
'GIANT IMPERIAL' MIX
scabiosa
'VALENTINE'
'LEMON QUEEN'
sunflower
$1.39
'CUT AND COME AGAIN' MIX
zinnia
blooms all season
$.99 NET WT. 100 MG
'PERSIAN CARPET'
zinnia
PINK AND WHITE

MARTHA STEWART everyday
enameled cast iron
stainless steel flatware
MARTHA STEWART everyday
14
comfort grip 14-piece set
STEWART everyday
porcelain on steel teakettle
MARTHA
MARTHA STEWART everyday
7
fully forged 7-piece set
stainless steel percolator
9
stainless steel copper bottom 9-piece set
MARTHA
stainless steel flatware
12
4
64
MARTHA STEWART everyday
stainless steel stockpot
MARTHA
glass ovenware and storage 14-piece set
14
MARTHA STEWART everyday
nonstick metal bakeware 5-piece set
5
STEWART everyday
heavy-gauge nonstick aluminum 8-piece set
8
STEWART everyday
restaurant-style nonstick aluminum 7-piece set
7
STEWART everyday
nonstick aluminum 8-piece set
8

Duffy Worldwide

O estúdio Duffy foi fundado em 1984, quando Joe Duffy e Pat Fallon concluíram que o design e a publicidade eram duas disciplinas de marketing poderosas que, se combinadas e bem trabalhadas, poderiam fornecer resultados exponenciais. Esse estúdio hoje lança novas marcas e revitaliza as existentes para algumas das empresas mais importantes no mundo, algumas das quais compartilhadas com a agência de publicidade Fallon. A lista de clientes do estúdio inclui o Bahamas Ministry of Tourism, The St. Paul Companies, EDS, Nestlé Purina, Telecom Américas, Timberland, Starbucks, Sony, Skoda, BBC, Ben and Jerrys e Noble House Leisure LTD, entre outros.

Embora tenha crescido e evoluído ao longo dos anos, a convicção básica do Duffy permanece a mesma: o design é uma das ferramentas estratégicas mais poderosas que uma empresa pode usar para construir uma marca forte. E isso não é apenas uma crença; também tem sido sua experiência e a razão por que esse estúdio ama o que faz.

Para o Duffy, isso é bastante simples: "Unimos nossa paixão pela criatividade com a liberdade de pensamento a fim de entregar soluções de design poderosas. Não importa se você trabalha com nossa equipe em Minneapolis, Nova York, Londres, Cingapura ou Hong Kong, tudo é idêntico. Simplificamos o pensamento. Amplificamos a criatividade. O resultado é uma experiência emocional. Nossa equipe tem ampla experiência, em diferentes categorias e geografias. Isso fornece uma perspectiva diversificada. É um estímulo constante ao nosso pensamento e trabalho. A vantagem para os nossos clientes, e suas marcas, é um casamento interessante do design de nível internacional, a partir de um olho objetivo."

Abaixo: Receita gloriosa
O redescobrimento de uma autêntica receita de cerveja da década de 1860 possibilitou o lançamento dessa marca genuinamente sulista – First Reserve – da Flagstone Brewery, de Winston-Salem, Carolina do Norte. A marca se posiciona como "uma cerveja tão forte quanto os eventos que a inspiram" e seu design apoia essa proposição com referências pictóricas e textuais a coragem, a glória e a honra. Acima de tudo, o uso das bandeiras contextualiza a marca.

Direita: Linguagem destilada
Todos os designs para a Small Batch Brands do Jim Beam transmitem a qualidade superior desses bourbons exclusivos. O estúdio Duffy, que criou os rótulos, as garrafas e a embalagem, demonstra um conhecimento íntimo da "linguagem" desse setor e dos consumidores que compram esse tipo de bebida.

Duffy Worldwide 187

Abaixo: Gosto autêntico
A linha de produtos Sichuan Sauce foi criada pelo restaurante Silkroad, no Amara Singapore Hotel, que serve almôndegas e massas deliciosas. Para dar aos seus molhos uma aparência artesanal, o estúdio Duffy utilizou técnicas tradicionais de pintura chinesa e uma tampa amarrada à mão para os potes.

Página ao lado: Pensamento ativo
As meias esportivas da Smartwool são de alto desempenho e específicas para cada atividade esportiva. O briefing da empresa para o Duffy era criar uma embalagem que a diferenciasse dos seus concorrentes e transmitisse as características e os benefícios do produto de uma maneira bem-humorada e interessante. O formato da embalagem com várias meias, a paleta de cores diferenciadas (e a aplicação das cores) e o uso de ilustrações do tipo cartum contribuíram para que o objetivo fosse alcançado.

smartwool
GUARANTEED
NOT TO ITCH OR SHRINK AND TO OUTPERFORM ALL OTHER SOCKS OR YOUR MONEY BACK.
HIGH PERFORMANCE SPORTS SOCK
CYCLING
LINER
CROSS-COUNTRY
SKI MEDIUM
PURE WOOL
all weather
resilient
soft

Esquerda: Branding de alto nível
O objetivo do estúdio Duffy aqui foi ajudar a estabelecer a imagem de altíssima qualidade da vodka Belvedere e criar uma proposição poderosa na prateleira. Tanto a caixa de presente como a garrafa exploram recursos de design, como layouts tipográficos "clássicos", ilustrações e acabamentos – por exemplo, vidro fosco – para transmitir a qualidade superior do produto.

Direita: Alco-pop
Quando a tendência atual dos jovens que bebem álcool (idades entre 21 a 30) começou a mudar, as empresas fabricantes de bebidas alcoólicas procuraram novas áreas para produzir a próxima geração de bebidas "modernas". A Clash pretende atrair esse público. A identidade irreverente torna a bebida divertida, com uma forma diferenciada de garrafa e uma sensação tátil.

MALT
MALT
MALT
CLASH CLASH
CLEAR MALT
ALCOHOL BEVERAGE
EXTRA
CLEAR MALT
ALCOHOL BEVERAGE

Direita: Controle de qualidade
A cerveja Barrell 112 é produzida em quantidades limitadas e seu design sintetiza essa característica. Parecido com o design de uma garrafa de amostra, o projeto é complementado com um rótulo criado com base em um formulário que é assinado e carimbado pelo mestre-cervejeiro.

Página ao lado: Ajudas visuais
O escritório em Cingapura do estúdio Duffy criou essa linha de produtos para lentes de contato. Ela demonstra como a identidade de uma marca e a hierarquia de informações podem ser integradas em um todo. Todas as embalagens têm uma integridade visual que é útil e reconfortante. A paleta de cores tripartite ajuda a exposição das informações e transmite eficácia.

192 Simplificando o pensamento, amplificando a criatividade

P/2

Penta•Plex

MULTI-PURPOSE SOLUTION
Extra comfort formula
NO RUB

for cleaning, disinfecting & storing
of soft and hard contact lenses

TWIN PACK
INCLUDES 1 LENS CASE & 5 X 10ML UNIDOSE

P/2

Penta•Plex

HANDY TRAVEL PACK

10 X 10ML MULTI-PURPOSE SOLUTION
1 X 10ML COMFORT DROPS
1 LENS CASE

P/2

Penta•Plex

COMFORT DROPS

It Cleans when Blink.

Lens Lubricant

Lewis Moberly

O estúdio Lewis Moberly foi fundado em 1984 pela designer Mary Lewis e pelo diretor estratégico Robert Moberly. Situado em Londres, com escritórios em Paris e Genebra, o ponto forte do Lewis Moberly está na marca e no design. Central ao seu trabalho é a marca estratégica, Visual Intelligence™. "Visual" representa a busca pela excelência criativa e "Intelligence" representa a abordagem resolutamente relevante e ponderada.

Lewis Moberly e Mary Lewis estão muito ligados, e qualquer descrição da Lewis é uma descrição dos valores e da filosofia coletiva dos seus profissionais. Talvez a visão de David Stuart em relação à Mary Lewis resuma aquilo que ela tem de melhor. Quando era o presidente da organização britânica Design and Art Direction, ele escreveu: "Vamos começar com a coisa grande, os substantivos abstratos – paixão, comprometimento, visão. Ela tem todos em grande quantidade. Como ocorre com cada vencedor (do D&AD President's Award), ela se preocupa, talvez mais do que seja considerado saudável, em nunca deixar, nem por um segundo, que os padrões deslizem… Como designer, ela é uma das mais importantes e respeitadas. Poderia continuar escrevendo várias páginas sobre seu controle clássico, seu sentido misteriosamente preciso em relação a cores, o equilíbrio entre idéias e estilo."

A qualidade profissional do estúdio foi reconhecida ao longo dos anos por várias premiações – entre elas o Gold Award da British D&AD for Outstanding Design, três Design and Art Director Silver Awards e o Design Business Association (DBA) Grand Prix Award for Design Effectiveness.

Direita: Diferenciação consistente
Os rótulos desses vinhos, criados para a Sogrape Vinhos de Portugal S.A., exibem uma identidade visual forte, coesa e, ainda assim, cada um mantém sua individualidade. Isso é alcançado com um layout consistente para o texto do rótulo, o que cria um contexto para o vinho e confere interesse para o entusiasta, e com a imagem simbólica, que diferencia e resume visualmente cada vinho.

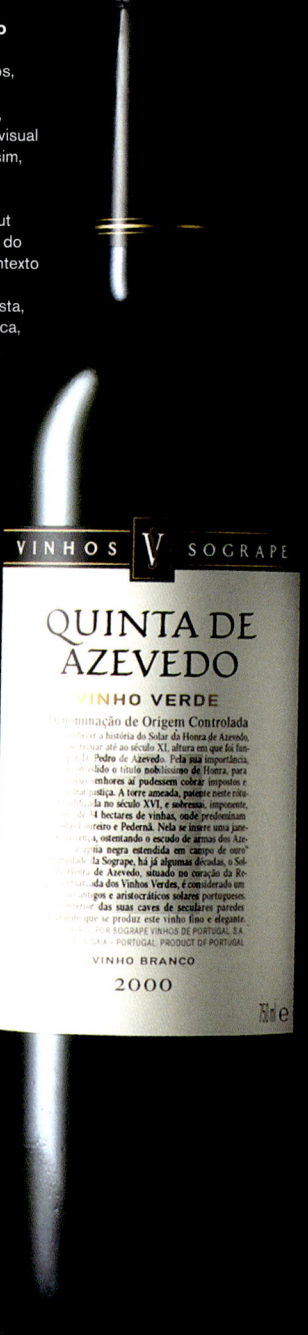

VILA REGIA
DOURO

Denominação de Origem Controlada

VINHO TINTO

1996

DUQUE DE VISEU
DÃO

Denominação de Origem Controlada

VINHO TINTO

1996

VINHA DO MONTE
ALENTEJANO

Denominação de Origem Controlada

VINHO TINTO

1999

OBAN
1794
OBAN
'Little Bay of Caves'
Along the shores of Lorn lies a record of man far more ancient than that of any city in the land. The first settlers arrived on the mainland in 5,000 BC and sheltered in the natural caves of the land then known as 'An Ob'. The 'Distillery Cave' was one such shelter hidden in the Creag a' Bharrain cliffs which rise dramatically above the
'OBAN DISTILLERY'
Producers of a Delicate
SINGLE
MALT
WEST Highland MALT
SCOTCH WHISKY
OBAN DISTILLERY OBAN ARGYLL SCOTLAND

Esquerda: Reflexo da qualidade
Oban é um uísque de 14 anos feito de malte proveniente da costa oeste da Escócia com uma individualidade e personalidade únicas. O briefing para o Lewis Moberly era utilizar o design para personificar a marca com autenticidade, tradição, qualidade e distinção. Em resposta, o design desse estúdio reflete o litoral desolador e rochoso da região, com suas gaivotas guinchando e ventos cortantes. A cópia do rótulo conta a história da região e da destilaria, arraigando a bebida ao seu contexto diferenciado e definidor.

Direita: Design celular
O briefing era criar um novo elemento gráfico contemporâneo e uma aparência estrutural para a linha de produtos da Piz Buin. A nova identidade da marca visa um mercado mais jovem, preocupado com moda e estilo de vida, e que responde a acessórios portáteis, adaptáveis e ergonômicos. Tirando a inspiração do formato de um telefone celular, a nova estrutura é altamente original dentro da categoria. Combinado com um branding mínimo e confiante, a nova identidade projeta o status da marca líder em um setor normalmente preso a clichês visuais.

Esquerda: A cristalização da marca

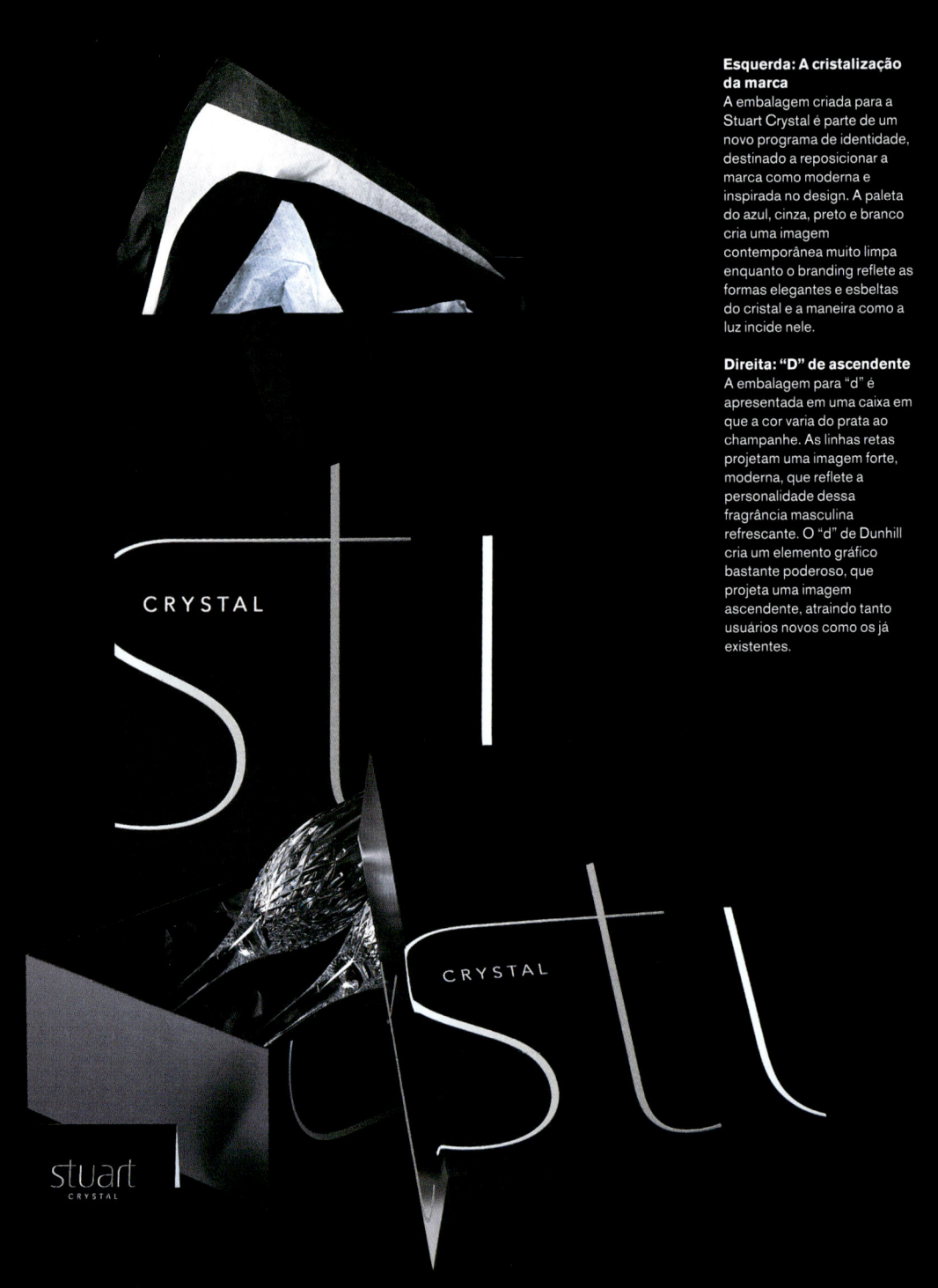

A embalagem criada para a Stuart Crystal é parte de um novo programa de identidade, destinado a reposicionar a marca como moderna e inspirada no design. A paleta do azul, cinza, preto e branco cria uma imagem contemporânea muito limpa enquanto o branding reflete as formas elegantes e esbeltas do cristal e a maneira como a luz incide nele.

Direita: "D" de ascendente

A embalagem para "d" é apresentada em uma caixa em que a cor varia do prata ao champanhe. As linhas retas projetam uma imagem forte, moderna, que reflete a personalidade dessa fragrância masculina refrescante. O "d" de Dunhill cria um elemento gráfico bastante poderoso, que projeta uma imagem ascendente, atraindo tanto usuários novos como os já existentes.

d

dunhill

EAU DE TOILETTE
Natural Spray · Vaporisateur

100ml ℮ 3.4 Fl.oz

Abaixo: Abordagem direta

O Teadirect precisava ser posicionado entre os setores de chás de consumo diário e especiais, e precisava ser diferente em um setor extremante disputado. O mote "Extraordinary ordinary tea" ("O chá comum incomum") chama a atenção como descritor da marca, diferenciando o Teadirect dos seus concorrentes. O design apresenta centenas de "momentos de chá" que microscopicamente compõem a imagem central de uma folha de chá. Cada momento fotográfico captura o prazer das pessoas em tomar um chá.

Direita superior: Biscoitos para a família

Como o nome sugere, os biscoitos Bahlsen são destinados à família e o conceito do design visa a projetar isso e refletir que a Bahlsen é uma marca de biscoitos alemã nobre. Quando as embalagens são posicionadas uma ao lado da outra na prateleira, elas formam uma longa cadeia de personagens de mãos dadas, criando uma forte presença na loja.

Direita inferior: Suculento

A categoria de sucos de frutas pode ser confusa aos compradores devido à enorme variedade de tipos de suco e mensagens dos produtos. Em resposta, o design do estúdio Lewis Moberly projetou a qualidade superior da linha de produtos da Waitrose por meio da própria qualidade visual das frutas na embalagem. A composição também diferencia cada produto dentro da linha e fornece informações claras para ajudar os compradores a escolher o produto certo.

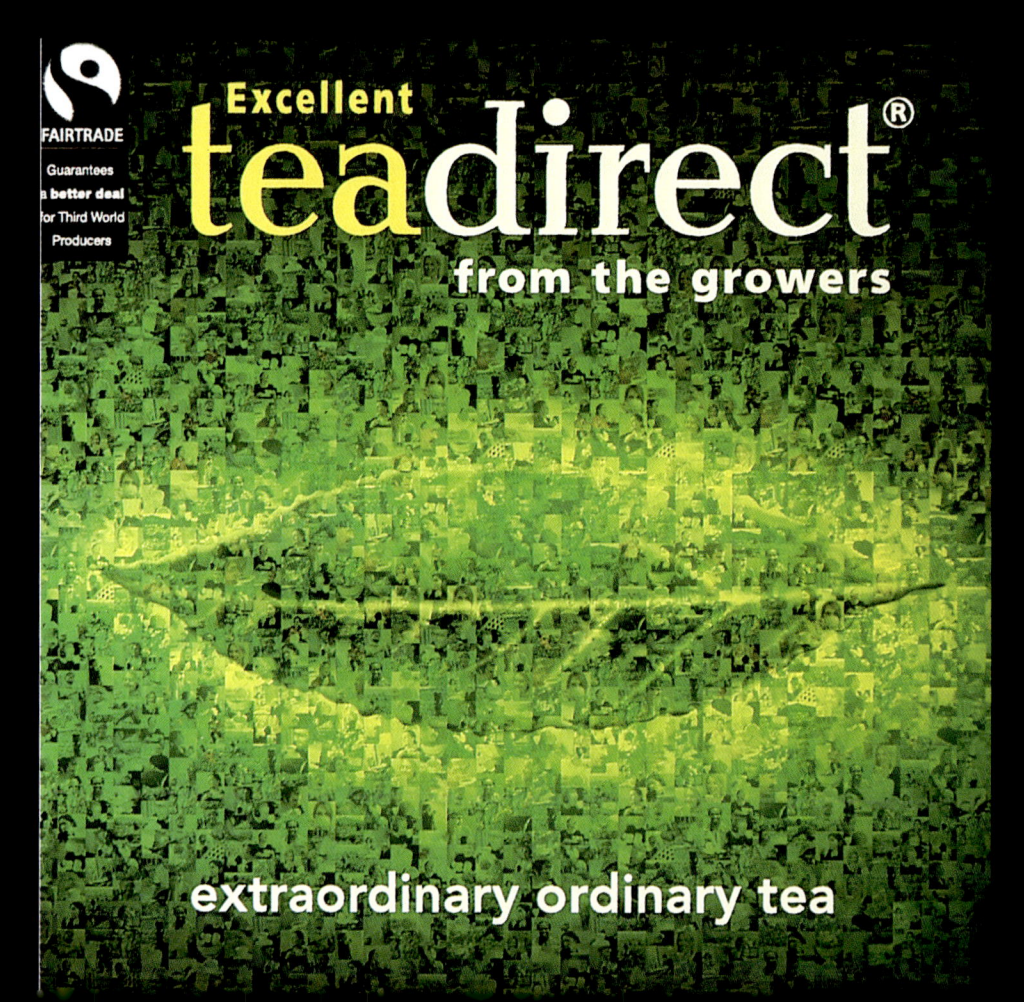

Bahlsen FAMILY

1000 g ℮

WAITROSE	WAITROSE	WAITROSE	WAITROSE	WAITROSE
PRESSED	PRESSED	PRESSED	100% PURE SQUEEZED	PRESSED
APPLE AND SUMMERFRUIT JUICE	APPLE JUICE	TOMATO JUICE	JAFFA ORANGE JUICE	APPLE AND MANGO JUICE
A smooth blend of freshly pressed apple juice with strawberry, raspberry and blackcurrant purée	Made from pressed apples	Made from sun ripened tomatoes	NATURALLY SHARP	A smooth blend of pressed apple juice and mango purée

Lippa Pearce

O Lippa Pearce é um estúdio de design multidisciplinar fundado por Harry Pearce, Domenic Lippa e o autor deste livro. Nosso trabalho, nas áreas especializadas em design de embalagens, impressão, identidade corporativa, elementos gráficos informativos e multimídia, tem sido mostrado no mundo todo e amplamente publicado no Reino Unido e em periódicos internacionais de design e marketing. Conquistamos vários prêmios de prestígio tanto por criatividade (como D&AD Silver Award, Art Directors Club e Type Directors Club Awards) como por eficácia (por exemplo, DBA Design Effectiveness Award).

O design de embalagens é uma das disciplinas de design pelas quais somos apaixonados. Desde o nosso primeiro projeto, em 1990 – criar a embalagem do Goats Cheese da Gedi (era nosso segundo contrato e nós ainda éramos apenas três) – seguimos os mesmos princípios de design: idéias objetivas, simplicidade de execução, envolvimento poderoso com consumidores e forte diferenciação da marca.

Valorizamos o design baseado em idéias e utilizamos diferentes maneiras de pensar para

Abaixo: Tratamento de verrugas bem-humorado
A simplicidade do conceito do Wart Remover dá suporte à proposição do produto. Além disso, a idéia, e sua execução, utiliza o humor para envolver os consumidores, sem ser insensível. Passamos bastante tempo discutindo se era correto utilizar o humor para um produto medicinal, mas na análise final decidimos que verrugas, embora feias, não são uma ameaça à vida.

Abaixo: Tinta fresca
Quando a Halfords nos contatou para reformular o design da sua linha de tintas automotivas, três elementos do briefing nos surpreenderam. Primeiro, o produto ficaria exposto em máquinas dispensadoras, o que significava que apenas a tampa e 40% do restante da embalagem permaneceriam visíveis. Segundo, os clientes queriam saber duas coisas: essa tinta é a cor certa e é a correta para meu modelo de carro? Terceiro, os consumidores não costumavam ler as instruções corretamente antes de utilizar o produto.

Como resultado, eles tinham um baixo desempenho do produto. Nossa solução de design colocou todas as informações importantes para escolha do produto na área que permanece visível na máquina e utilizou todo o resto da lata para colocar as informações necessárias para o uso correto do produto, de modo a aproveitar melhor o espaço e usar um corpo de fonte maior e mais legível.

Para os clientes que querem aplicar a tinta imediatamente sem a preparação correta, incluímos um conjunto de ícones fáceis de entender que informam os passos básicos que devem ser seguidos para a utilização eficiente do produto.

BEAUJOLAIS VILLAGES
WHAT A YEAR! ENJOY!

PRODUCED BY SOME OF THE BEST WINE MAKERS IN FRANCE USING THEIR FEET TO CREATE A WINE OF DISTINCTION. THE BEST WINE MAKERS, FOOTBALLERS AND CHEFS IN THE WORLD. TO BE CONSUMED IN ENGLAND!!

EVERYDAY BEAUJOLAIS
BEST DRUNK WITH FRIENDS, WITH OR WITHOUT FOOD, WHETHER HOT OR COLD, RAINY OR SUNNY BUT PLEASE ENJOY AS MUCH AS POSSIBLE

G!

CHARDONNAY
SERVE CHILLED OR COLD OR EVEN STRAIGHT FROM THE FRIDGE.
BEST SERVED WITH ANY FISH, MEAT, POULTRY

EVERYDAY CHARDONNAY
BEST DRUNK WITH FRIENDS, WITH OR WITHOUT FOOD, WHETHER HOT OR COLD, RAINY OR SUNNY BUT PLEASE ENJOY AS MUCH AS POSSIBLE

G!

Página ao lado: O prazer de compartilhar
Geronimo Inns é uma pequena rede de bares tradicionais de Londres com um toque moderno. Nossos designs para o rótulo dos vinhos tintos e brancos da casa empregam uma fonte tradicional, Gothic 13, de uma maneira contemporânea. Cada rótulo identifica o conteúdo das garrafas e estimula os consumidores a apreciar o vinho acompanhado por um bom prato e pela companhia de amigos.

Esquerda: Cores bacanas
Para a primeira investida da Kangol no setor de cosméticos, criamos uma embalagem com um ar "bacana" sutil agregado a marca. As latas com um visual metálico tem um toque liso e suave, e uma tampa tem o logo Kangol em alto-relevo. A identificação da fragrância é comunicada utilizando uma faixa simples colorida em torno da lata. Essa cor torna-se então o fundo para as informações contidas no rótulo traseiro.

Direita: Poder das plantas
A Boots Botanics Range abrange mais de 500 produtos em diferentes categorias, como tratamento para os cabelos, cuidados com o corpo, cuidados com a pele, cosméticos e aromaterapia. Desde o lançamento original, essa linha de produtos tornou-se uma das marcas mais valiosas da Boots, com um forte apelo entre os consumidores que procuram produtos naturais que exploram o "poder das plantas". Nossa reformulação do design da embalagem é parte do plano da Boots de transformar a Botanics em uma marca mundial. Ele combina o envolvimento emocional, por meio do uso de uma bela radiografia de uma planta, com as informações disponibilizadas em vários níveis: identificação da categoria, diferenciação do produto e comunicação dos benefícios.

Página ao lado: Rompendo com os modelos clássicos
O setor fonográfico de músicas clássicas demanda uma abordagem bem mais audaciosa do que a maioria dos outros tipos de música. Visando um público mais jovem, os designs utilizam imagens modernas e tipografia de uma maneira emotiva e não-convencional. Os designs dos livretos dos CDs refletem o posicionamento único da Virgin Classics dentro desse setor competitivo e apresentam os artistas de uma maneira diferenciada.

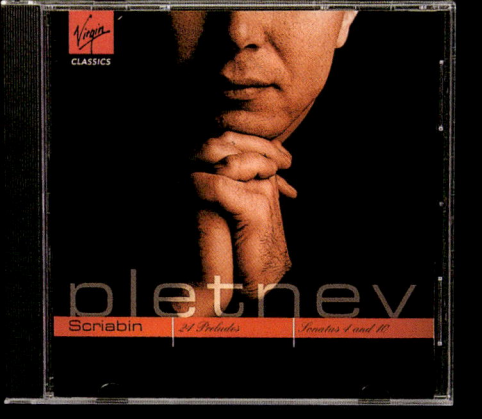

Pletnev — Scriabin: 24 Preludes, Sonatas 4 and 10

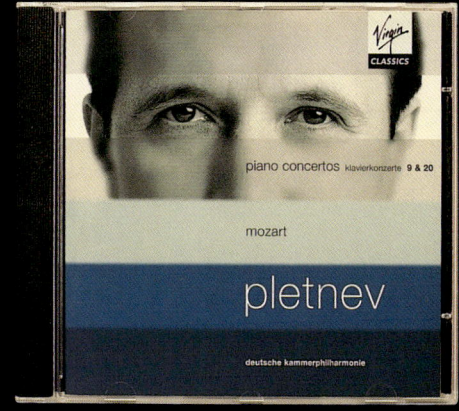

Virgin Classics

Pletnev — Mozart: Piano Concertos / Klavierkonzerte 9 & 20

deutsche kammerphilharmonie

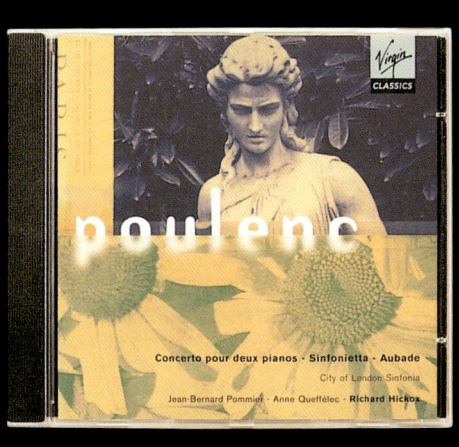

Virgin Classics

Poulenc — Concerto pour deux pianos · Sinfonietta · Aubade

City of London Sinfonia

Jean-Bernard Pommier · Anne Queffélec · Richard Hickox

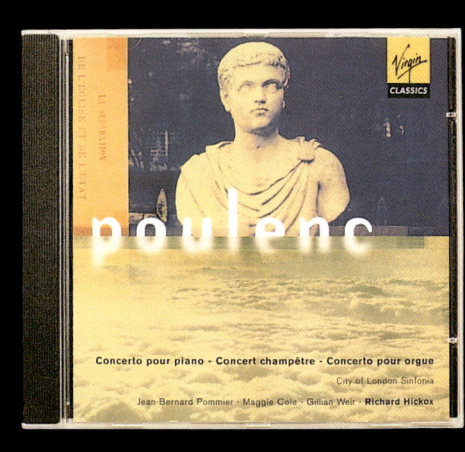

Virgin Classics

Poulenc — Concerto pour piano · Concert champêtre · Concerto pour orgue

City of London Sinfonia

Jean-Bernard Pommier · Maggie Cole · Gillian Weir · Richard Hickox

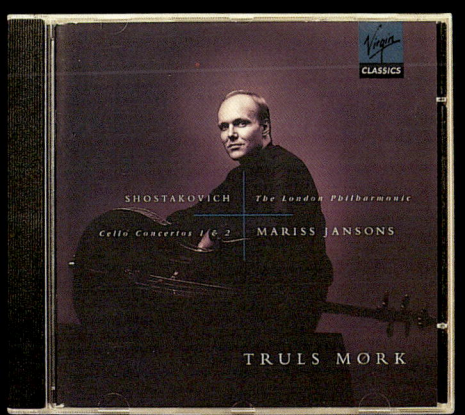

Virgin Classics

Shostakovich — Cello Concertos 1 & 2

The London Philharmonic
Mariss Jansons
Truls Mørk

Virgin Classics

Sibelius — Paavo Järvi

lemminkäinen suite
luonnotar
nightride and sunrise

royal stockholm philharmonic orchestra
solveig kringelborn

Virgin Classics

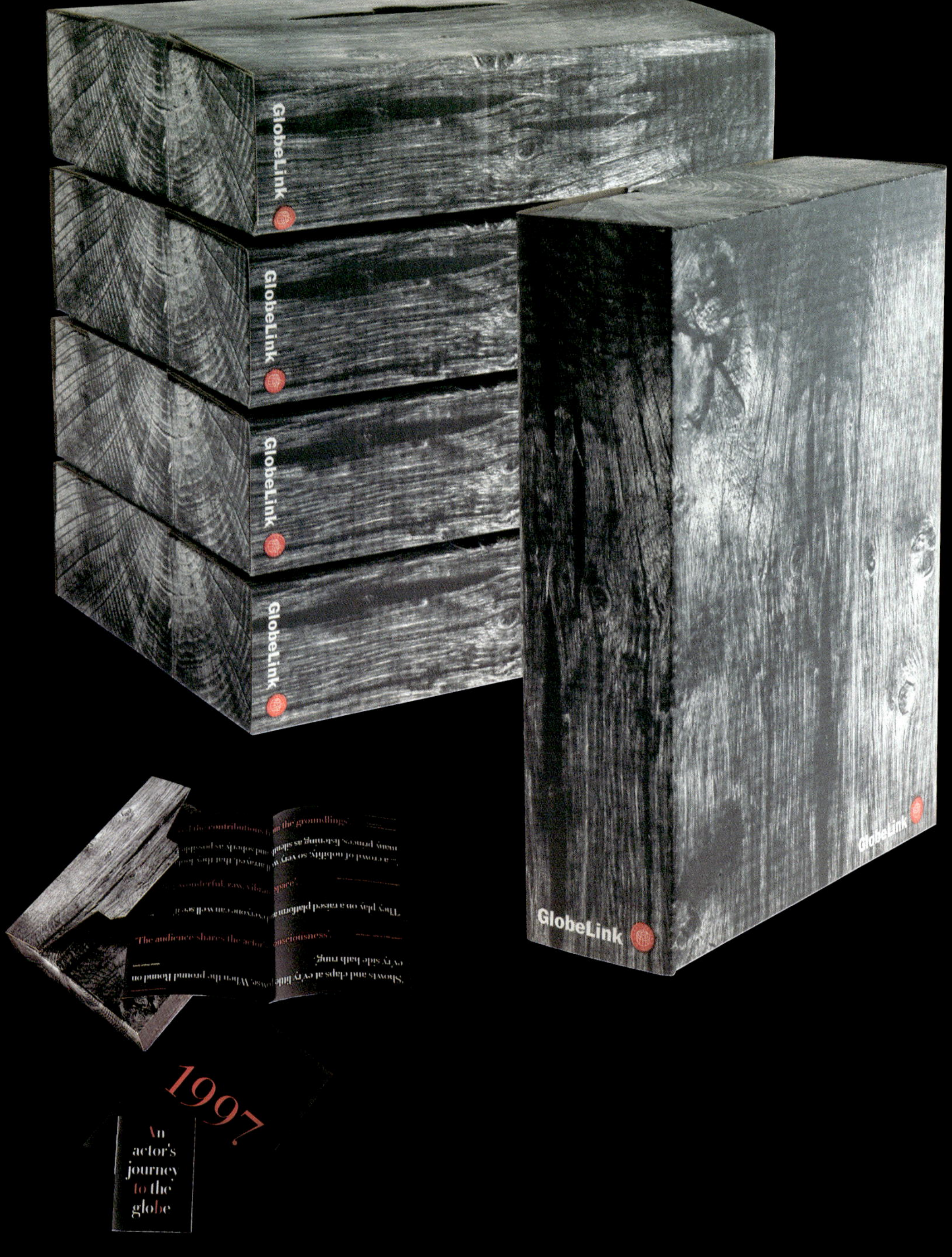
GlobeLink
1997
An actor's journey to the globe

Esquerda: Educação global
Globelink é um programa educativo que estimula a interação entre as escolas e o Globe Theater de Shakespeare. As escolas inscritas no programa recebem um pacote inicial com informações e depois comunicações contínuas. "Empacotamos" as informações iniciais em uma caixa do tipo arquivo projetada para se parecer com um tipo de carvalho utilizado na reconstrução do teatro elisabetano. As crianças não apenas têm uma idéia do que pode ser visto quando elas a abrem, como também os professores têm uma caixa diferente facilmente identificável nas suas estantes.

Acima: Primeiro, os pés
Audley Shoes é uma marca idiossincrática e isso se reflete em suas caixas de sapatos. Elas apresentam dois "pés tipográficos". O pé esquerdo, o pé "racional", é formado a partir de uma análise estrutural de um sapato. O pé direito, o "pé emocional", é formado a partir de um bem-humorado poema sobre pés.

Michael Nash Associates

Ex-alunos do Martins College, Londres, Anthony Michael e Stephanie Nash sentavam lado a lado na sala de aula e, no início da década de 90, começaram uma excelente parceria.

Com clientes nos setores fonográfico e de moda, ao longo dos anos esse estúdio incorporou outros segmentos do mercado, construindo marcas para diferentes clientes, incluindo Harvey Nichols Foodmarket, Boots, Ian Schrager Hotels (St Martin's Lane e The Sanderson), Space NK, Garrard e The New Art Gallery Walsall.

Seu trabalho é admirado por muitos e ganhou, merecidamente, vários prêmios de prestígio. O estúdio conquistou um primeiro lugar e três segundos lugares no Design and Art Director Awards por seu design de embalagens de produtos e de capas de discos. Minha percepção desses dois diretores é que, acima de tudo, eles são designers apaixonados, com um olho infalível para aquilo que é belo e diferente, e produzem trabalhos irresistíveis aos consumidores.

Diferença material
Este estojo de óculos de sol com alça de borracha forma parte da identidade da marca global criada por Michael Nash para John Galliano. A combinação eclética dos materiais e elementos (texto jornalístico, alças de borracha etc.) utilizada por todas suas embalagens, rótulos e produtos personalizados refletem o interesse de John Galliano em associar objetos comuns (antigos e novos) à tecnologia moderna para criar algo único e individual.

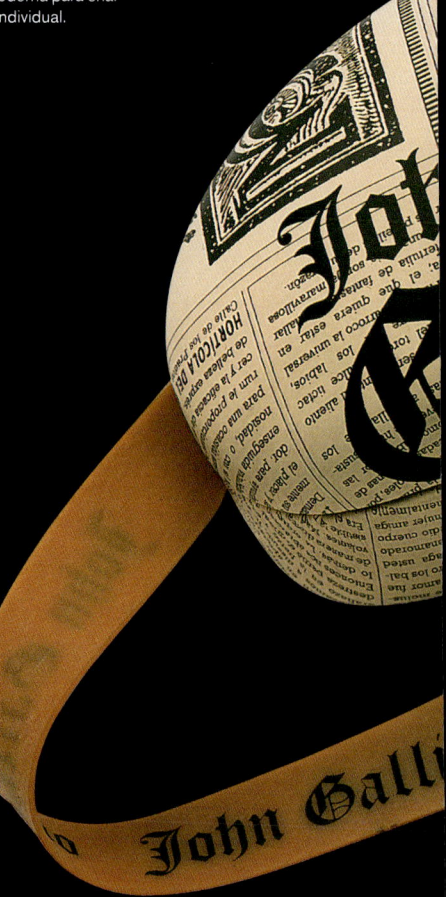

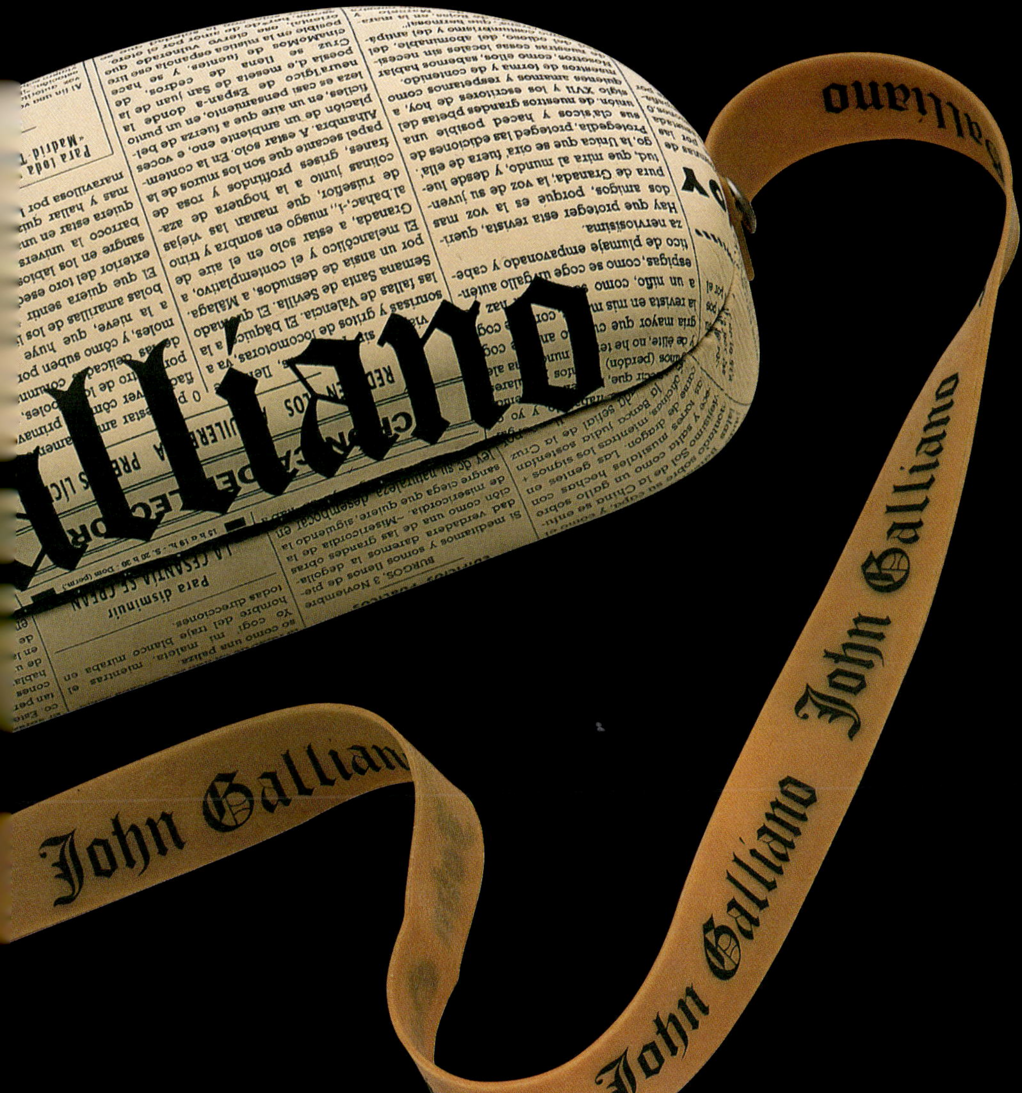
John Galliano

southern sun
OAKENFOLD
ready steady go

Direita: Moderno clássico
Utilizando dois importantes fotógrafos de moda, Mert e Marcus, Michael Nash foi contratado para fotografar retratos clássicos da cantora Sophie Ellis Bexter. As fotos selecionadas foram então rabiscadas com batom a fim de dar às capas uma atitude mais moderna.

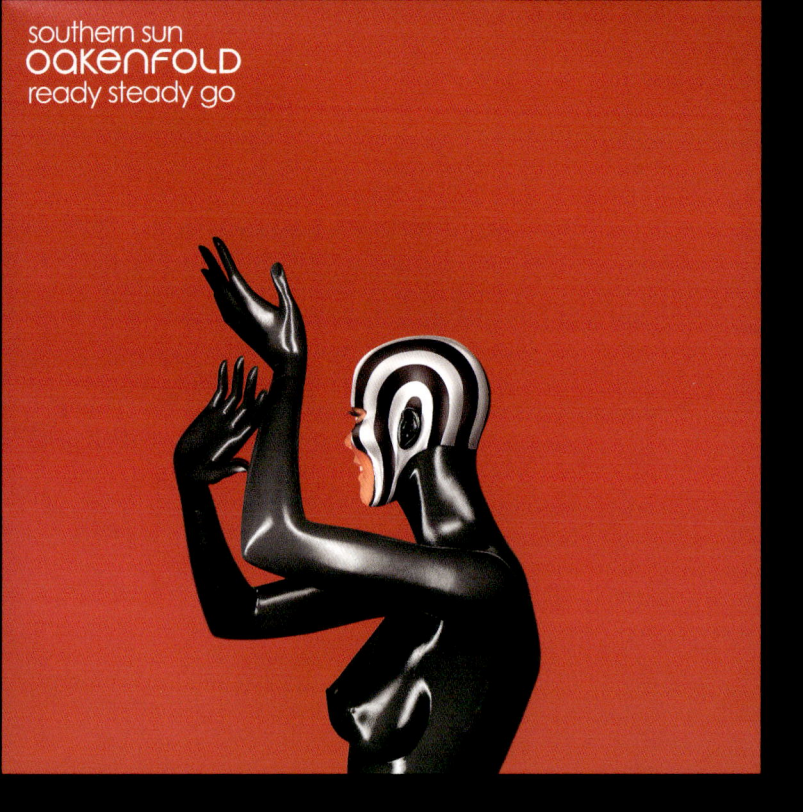

Acima e à direita: DJ super-herói
A idéia dessas capas era fazer uma foto surreal e colorida de um super-herói e produzir cada versão em cores e acabamentos diferentes.

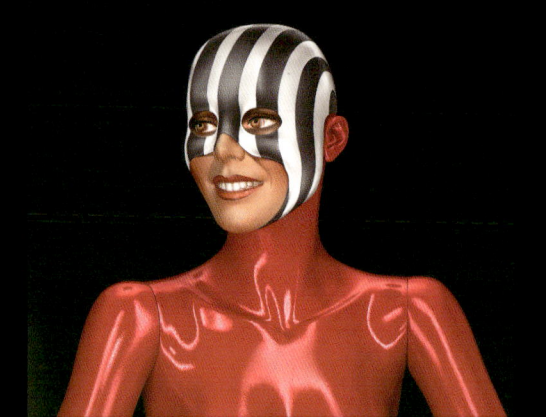

OAKENFOLD
bunkka

Direita: Primeiros frutos
No seu álbum de estréia, a banda Sugababes foi retratada pela fotógrafa de moda Liz Collins. As imagens selecionadas para o álbum e os singles foram então sobrepostas com uma grande flor de tecido vintage, lantejoulas, rendas antigas e jóias para criar uma "colagem" da feminilidade.

SOPH
ELLIS
BEXTOR

SOPH
ELLIS
BEX
murder
on the
dancefloor

SOPHIE
ELLIS BEXTOR
TAKE
ME
HOME

sugababes
new year

sugababes
one touch

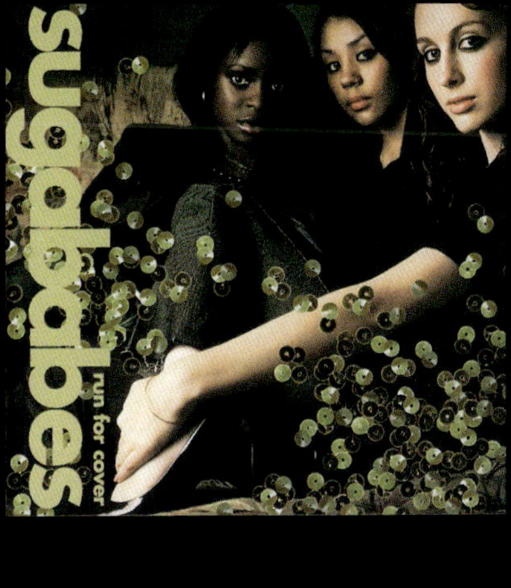
sugababes
run for cover

Esquerda: Bom o bastante para comer
Estas sacolas são parte da identidade da marca no mercado varejista para a Space NK. Elas ilustram as opções de cores disponíveis no mercado de cosméticos e evocam uma sensação de estar em uma loja de doces depois da escola.

214 Um olho infalível

Abaixo: Tesouros arquivados
Esta embalagem na cor framboesa com logotipo e texto com hot stamping em prata e alto-relevo teve como inspiração uma antiga caixa encontrada no arquivo da Garrard. A embalagem simples e elegante baseia-se na textura dos materiais. O papel utilizado para a embalagem é o suporte usado em materiais para arquivamento de documentos, enquanto as alças são feitas de um tecido encorpado e os estojos, constituídos de veludo macio.

HARVEY NICHOLS
TRADITIONAL CHRISTMAS PUDDING
net wt. 1lb 454g e
BEST BEFORE: SEE BASE
SIX PEN
FID DEF

Comida chique
Quando Michael Nash foi convidado para criar a embalagem para a linha de produtos alimentícios da Harvey Nichol, o processo começou com uma pergunta: "Por que não embrulhar um pote de geléia do mesmo jeito que você usaria um lenço de seda?". Em resposta, a embalagem trata os alimentos como se eles fossem um item chique. O design apresenta rótulos informativos brancos simples, utilizando a fonte Berthold Futura IT, e fotografia em preto-e-branco de rica temática. Michael Nash decidiu ilustrar a sensação do alimento em vez de representá-lo, com base na premissa de que todos nós conhecemos, por exemplo, a aparência de uma azeitona.

Michael Nash Associates

A agência Pentagram foi fundada em 1972 em Londres e hoje tem escritórios em Nova York, São Francisco, Austin e Berlim. Ela organiza-se em torno dos diretores, que operam como sócios com as mesmas responsabilidades e que são designers profissionais. Atualmente, são 19 sócios, incluindo designers notáveis como Michael Bierut, David Hillman, Kit Hinrichs, John McConnell e Paula Scher.

Os sócios trabalham independente ou colaborativamente, com um deles assumindo a liderança em cada projeto. Cada sócio tem uma equipe própria e uma das características da abordagem da Pentagram é que os clientes trabalham diretamente com sócios e designers sem a intervenção da gerência de contas. A Pentagram também trabalha em colaboração com outros designers, e a Lippa Pearce já trabalhou nesse estúdio em um projeto para a Halfords.

A prática é multidisciplinar, abrangendo todo o espectro de elementos gráficos, identidade, arquitetura, interiores e produtos. Essa agência descreve o design de embalagens como sendo a "criação de identidade da marca na sua parte mais difícil – a arte de prometer e ser acreditado. Ela representa as virtudes e o apelo de um produto, de acordo com as aspirações e os gostos bem-pesquisados do consumidor. Forma, material e mecânica se fundem com os elementos gráficos para competir pela atenção, identificar o produto e vender suas qualidades exclusivas."

Texto arquitetônico
Uma presença visual forte é alcançada pelo uso da fonte arquitetônica Trajan, de uma elegante paleta de cores escuras baseadas no prata e no cinza e da tipografia vazando pelas bordas do produto.

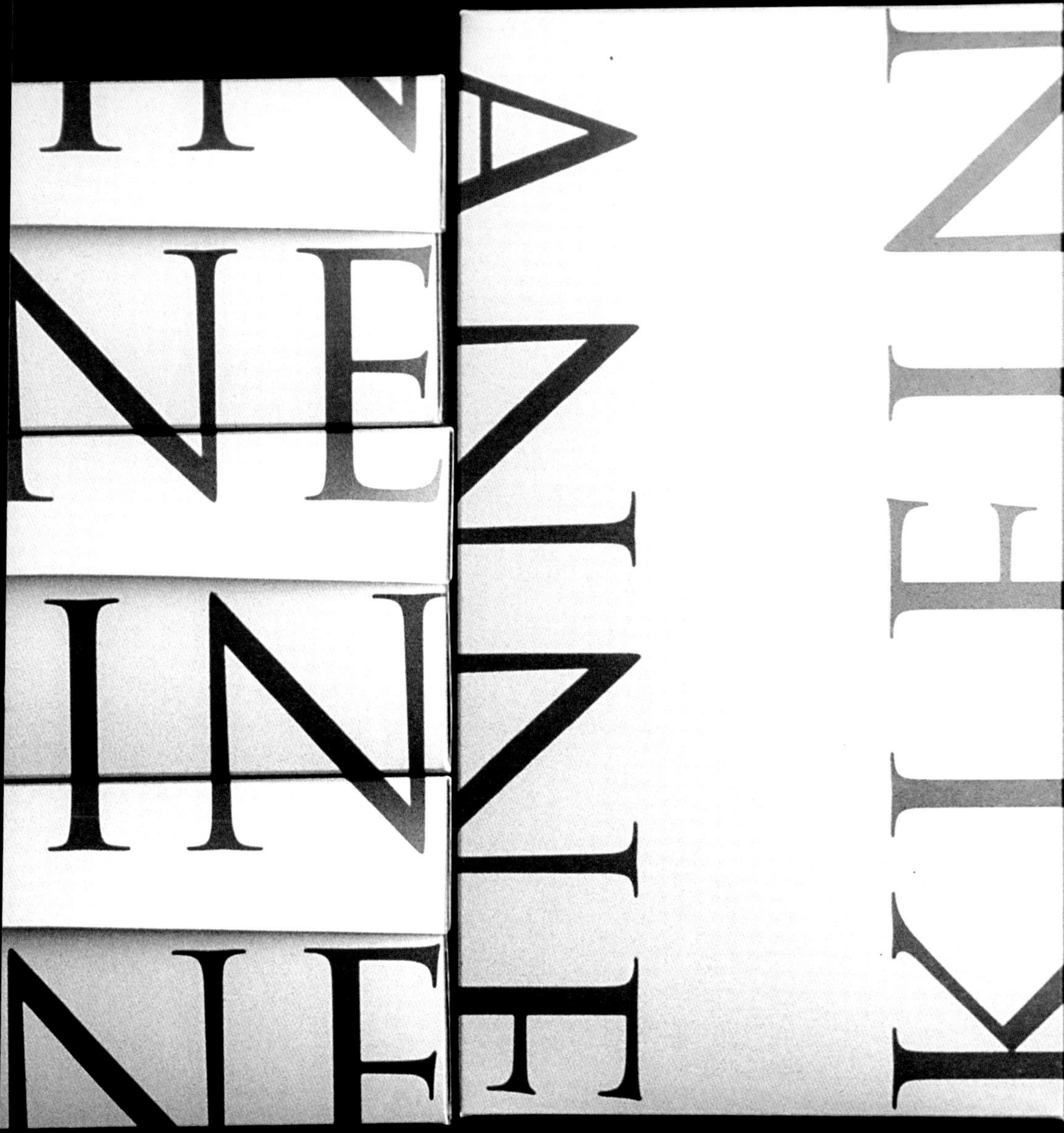

Esquerda: Linguagem visual

Baixas Lehnberg é uma linha de produtos orgânicos produzidos em Tarragona, Espanha. Para distingui-la dos seus concorrentes, o estúdio Pentagram criou uma linguagem visual (consistindo em uma fonte sem serifa moderna e fotografias aplicadas sobre um fundo branco) a fim de dar aos produtos uma sensação orgânica, natural e de qualidade diferenciada e transmitir leveza, vivacidade e frescor.

Direita: Marca tradicional

Columbus Salame tem uma rica tradição italiana que o estúdio Pentagram queria comunicar quando foi solicitado a revitalizar a embalagem e identidade da marca da empresa. O retrato de Cristóvão Colombo foi redesenhado em um estilo que lembra o final do século XV. A técnica de xilogravura aplicada ao retrato também dá à marca uma aparência mais clássica. Os salames em si foram embalados em papel lustroso com imagens bucólicas, as quais compõem um quadro completo quando os pacotes são colocados um ao lado do outro, e também conferem ao alimento uma aparência rica e de qualidade superior.

COLUMBUS
RENAISSANCE
PEPPERED
SALAME
DELICATESSEN MEATS
COLUMBUS
RENAISSANCE
HERB
SALAME
COATED WITH GELATIN AND SPICES
DELICATESSEN MEATS
TRADITIONAL EUROPEAN
COLUMBUS
RENAISSANCE
ITALIAN
DRY SALAME
DELICATESSEN MEATS

Abaixo: Colocando as bolas em jogo
Depois de investir US$ 170 milhões em pesquisas e desenvolvimento na criação de uma nova bola de golfe, a Callaway solicitou que a Pentagram criasse a identidade da marca e da embalagem do seu novo produto, chamado Rule 35. A resposta foi uma solução de design em múltiplas camadas. O símbolo "C" baseia-se nas formas encontradas no fundo do buraco – o destino final da bola. Vermelho e azul foram escolhidos para diferenciar as duas variantes: dura (Firmfeel) e macia (Softfeel). Os elementos gráficos foram impressos em alto-relevo, dando às caixas uma sensação tátil que imita a das próprias bolas dentro da embalagem; e é mais sofisticada do que as embalagens predominantemente brilhantes ou transparentes das outras marcas. Além disso, a embalagem tem tamanho exclusivo, o que significa que as outras marcas não se encaixam nos displays dos pontos-de-venda da Callaways.

Direita: Ciência do golfe
O design da embalagem criada pela agência Pentagram para as bolas de golfe HX da Callways revela uma inovação tecnológica empregada nas bolas e, ao mesmo tempo, continua a desenvolver a linguagem gráfica que diferencia essa marca de outras.
As caixas foram impressas em alto e baixo-relevo e tratadas com vernizes foscos e brilhantes para dar-lhes uma qualidade tátil que imita a da própria bola. Além disso, todas as informações importantes são apresentadas nas laterais das caixas. A tampa é pequena, expondo embaixo apenas as informações essenciais para envolver o comprador.

HX BLUE
Callaway GOLF
REDUCED DRAG
INCREASED LIFT
TUBULAR LATTICE NETWORK COVERS 100% OF THE GOLF BALL, BALANCING LIFT AND DRAG PROPERTIES FOR LONGER BALL FLIGHT AND SHALLOWER DESCENT ANGLE
NEXT GENERATION OF GOLF BALL AERODYNAMICS
GROUND-BREAKING AERODYNAMICS GIVE YOU OPTIMUM BALL FLIGHT FOR GREATER CARRY, ROLL AND OVERALL DISTANCE
SURFACE AREA COVERAGE: 100%
SURFACE DE RECOUVREMENT: 100%
SOLID CORE, THREE-PIECE TECHNOLOGY
COVER: CAST THERMOSET URETHANE
ENVELOPPE: URÉTHANE MOULÉ À CHAUD
BOUNDARY LAYER: IONOMER
COUCHE INTERMÉDIAIRE: IONOMÈRE
CORE: POLYBUTADIENE AND TUNGSTEN
NOYAU: POLYBUTADIÈNE ET TUNGSTÈNE
CALLAWAY
1

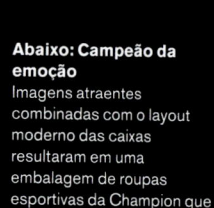

Abaixo: Campeão da emoção
Imagens atraentes combinadas com o layout moderno das caixas resultaram em uma embalagem de roupas esportivas da Champion que "fala" emotivamente com o mercado-alvo, enquanto o uso seletivo das cores para reforçar a marca dá aos produtos um forte destaque na prateleira.

Direita: Linha Finest
O design criado pelo estúdio Pentagram para a linha de produtos Finest, da Tesco, tornou-se uma referência no Reino Unido de marca própria que abrange múltiplas categorias. Eu mesmo utilizei essa linha de produtos em uma conferência como um exemplo de boa prática de design. Os componentes do design, o nome da linha de produtos com o asterisco, a suntuosa fotografia do produto e o esquema de cores prata não apenas transmitem requinte, mas também permitem que essa linha de produtos se destaque de maneira poderosa nas lojas, quer seja exibida em conjunto, quer distribuída entre diferentes categorias.

TESCO

Finest
Balsamic
Vinegar
of Modena

SERVING SUGGESTION

250ml ℮

Em 1872, Arinobu (Yushin) Fukuhara abriu no Japão a primeira farmácia no estilo ocidental no distrito de Ginza, em Tóquio, o frenético centro de negócios e moda do país. Mais de 100 anos depois, a Shiseido é uma das maiores e mais influentes casas de cosméticos do mundo, e seus produtos são vendidos em aproximadamente 60 países. O nome, tirado de uma frase encontrada nos clássicos chineses cujo significado é "louve as virtudes da Terra, que alimenta uma nova vida e produz novos valores", é um reflexo da empresa: "Uma pioneira em combinar a estética e a sensibilidade orientais com a ciência e as práticas de negócio do ocidente. A tradição associada à tecnologia; o autocontrole oriental expresso com a ousadia ocidental." A filosofia de Shinzo Fukuhara, primeiro presidente da Shiseido, era "o produto deve falar por si só", e essas palavras tornaram-se os princípios orientadores da empresa na criação de todos os seus cosméticos ao longo dos últimos 100 anos. Elas também influenciaram o design de embalagens dessa empresa, que reflete tanto as origens orientais como as influências ocidentais.

linhas retas, de um papel decorativo para um mais funcional.

Nos anos 1970, o design de embalagens da Shiseido refletiu a atmosfera de uma era moderna mais futurista, enquanto nos anos 80 o foco era na simplicidade e na qualidade. Nessa década, a Shiseido também inovou com novas tecnologias de impressão, como o desenvolvimento de impressão em quatro cores e hot stamping/metalização a vácuo, para criar designs decorativos e sensíveis, combinando tradição com criatividade.

Shinzo Fukuhara fundou em 1916 o Departamento de Design da Shiseido. Hoje, a empresa emprega 34 designers de embalagens sob a liderança de M. Shiokawa, gerente geral do departamento de criação de embalagens. Ele continua a praticar a filosofia da empresa de inovação combinada com tradição, qualidade combinada com criatividade, percepção do consumidor combinada com forte inteligência e

Influência da Art Déco
A embalagem do Colour Face Powder foi criada em 1932. Ela foi a primeira embalagem da Shiseido a exibir imagens de rostos femininos. O design ilustra claramente a influência do movimento Art Deco na equipe de design da Shiseido naquela época. Mesmo a delicada camélia é apresentada como uma sólida forma geométrica.

Acima: Novo visual
A MG5 foi a primeira linha masculina de cosméticos e produtos para a pele da Shiseido com grande sucesso. Lançada em 1967, a linha apresenta recipientes de vidro com tampas plásticas e rótulos em papel-alumínio. Essa linha foi uma transição importante no design de embalagens e utilizava os métodos de produção mais avançados da época. Os elementos gráficos arrojados, especialmente o padrão geométrico dos losangos pretos contra um fundo prata, simbolizam a estética do design dos anos 60.

Direita: Processo colaborativo

A coleção masculina de produtos para cabelo, cuidados com a pele e perfumes Untied foi criada em 1996 em colaboração com o arquiteto, designer industrial e poeta italiano Sergio Colatoroni. De várias maneiras, ela sintetiza a combinação da Shiseido entre as filosofias de design oriental e ocidental e o casamento de formas esculturais e branding caligráfico.

LA POUDRE RUISSELANTE

Direita: Corpo e alma
Criado em 2001, Qiora utiliza uma técnica de aromatologia para aprimorar a relação entre corpo e alma. O principal objetivo do design da embalagem é transmitir o conceito de "conforto" do produto. A forma e a cor da embalagem foram selecionadas para comunicar o conforto visual e sensual. Além disso, os aspectos visuais e sensuais foram igualmente considerados para quando os produtos são vistos separadamente ou são agrupados com sua linha.

Esquerda: Banho prazeroso
O La Poudre Russelante é uma linha de produtos de maquiagem criada em 2001 para clientes jovens. Ela emprega uma camélia na tampa como tema. Esse recurso remete ao primeiro presidente da Shiseido, Sinzo Fukuhara, que criou a marca comercial da empresa depois de observar camélias flutuando sob a água.

Inspiração do século XVI
O perfume Zen, criado em 1965, foi o primeiro produto da Shiseido desenvolvido para mercados estrangeiros, e procurava evocar o Japão por meio de sua fragrância sutil e seu design de embalagens sofisticado. A inspiração do modelo floral dourado tradicional veio de um desenho de um templo em Kioto e ecoa a estética japonesa mais barroca. Esse recurso lembra o lado artesanal tradicional do maki-e, técnica de pintura com laca e remates dourados. O cordão dourado amarrado em torno dos pescoços das garrafas faz uma alusão à célebre arte japonesa de embalagens e papéis de presente.

Cartola
We're, criado em 1994, apresenta um visual moderno com suas garrafas de vidro fosco e tampas coloridas. A embalagem baseia-se na coexistência das contradições inerentes ao tema "visão mundial" do produto – como linhas retas e curvas, delicadeza e força. Os elementos gráficos foram mantidos a um mínimo para criar um visual contemporâneo de modo que a maioria das mensagens do produto apareça na embalagem que o acompanha. As cores são derivadas do mundo natural.

Slover [AND] Company

Slover [AND] Company é um pequeno estúdio de design nova-iorquino do tipo "butique" atualmente em seu vigésimo ano. O tamanho desse estúdio (entre 16 e 20 pessoas, dependendo do mix de clientes), garante que os sócios estejam ativamente envolvidos, pessoal e materialmente, com o trabalho que ele realiza. Nas palavras do estúdio: "não há uma 'equipe B' no Slover [AND] Company. As encomendas que não podemos cumprir dentro dos nossos padrões de excelência são simplesmente rejeitadas. O fracasso nunca é uma opção."

Ao longo da história da empresa, o estúdio mesclou de modo coerente essa paixão pela excelência do design com igual comprometimento de manter, dar suporte e sustentar a singularidade dos seus clientes. "Dando o melhor de nós mesmos aos nossos clientes, contribuímos para aquilo que clientes sofisticados como Bergdorf Goodman, Saks, Lancel, Talora, Episode, Henry Cotton, Takashimaya, Nordstrom, Bath and Body Works, Sara Lee Intimates e HUE, entre outros, procuram. E acreditamos que também contribuímos para a estética do mercado e para o mercado de idéias."

O estúdio acredita que não tem exatamente uma filosofia de design para o trabalho, mas uma convicção sobre o que o design deve realizar: "Queremos que ele atraia e seduza. Ser o sussurro que não pode ser ignorado. A pessoa mais glamorosa na sala, independentemente da idade ou tradição. O bom design atrai as mãos assim como os olhos. Ele deve ser diferente do restante, mas por todas as mais sensuais razões. O bom design para o mercado varejista deve apelar ao consumidor, ser o canto irresistível da sereia."

O estúdio Slover [AND] Company também acredita que os projetos criados hoje devem permanecer relevantes por pelo menos cinco anos. Seu trabalho precisa equilibrar a relevância cultural e temporal com uma medida apropriada de atemporalidade, para assegurar que a mudança, quando chegar, seja alimentada pelo desejo e não pela necessidade comercial de alcançar a concorrência.

Marca essencial
A Talbots é um dos varejistas norte-americanos mais respeitados, e sua embalagem ilustra as extensões da marca Bath and Body – Essential Town, Essential Country e Essential Shore. A linha com 23 produtos é caracterizada pela tipografia contemporânea, pelas cores femininas suaves e por um logo em baixo-relevo. Os três são combinados para dar aos produtos uma autoridade e um apelo diferenciados na prateleira.

6.7FL OZ 200ML
MOISTURE MIST
Talbots
ESSENTIAL
SHORE
MOISTURE MIST
Talbots
ESSENTIAL
TOWN
MOISTURE MIST
Talbots
6.7FL OZ 200ML

Bath & Body Works BENEFITS

Hand Protection+
ANTI-AGING HAND LOTION
with Multivitamin Complex
SPF 15 UVA/UVB Sunscreen

- protects against sun damage
- diminishes signs of aging
- nourishes cuticles and nails
- restores a youthful appearance

moonlight path®

Net wt. 1.7 oz / 28.2 g

Bath & Body Works BENEFITS

Skin Renewal+
ANTI-AGING HAND LOTION
SPF 15 UVA/UVB SUNSCREEN

- protects against sun damage
- diminishes fine lines and age spots
- softens cuticles
- helps strengthen nails
- leaves hands soft and smooth

cotton blossom

Net wt. 1.7 oz / 28.2 g

Bath & Body Works BENEFITS

Skin Renewal+
ANTI-AGING HAND LOTION
SPF 15 UVA/UVB SUNSCREEN

- protects against sun damage
- diminishes fine lines and age spots
- softens cuticles
- helps strengthen nails
- leaves hands soft and smooth

sweet pea

Net wt. 1.7 oz / 28.2 g

Bath & Body Works BENEFITS

Hand Protection+
ANTI-AGING HAND LOTION
with Multivitamin Complex
SPF 15 UVA/UVB Sunscreen

- protects against sun damage
- diminishes signs of aging
- nourishes cuticles and nails
- restores a youthful appearance

mango mandarin

Net wt. 1.7 oz / 28.2 g

Bath & Body Works BENEFITS

Skin Renewal+
ANTI-AGING HAND LOTION
SPF 15 UVA/UVB SUNSCREEN

- protects against sun damage
- diminishes fine lines and age spots
- softens cuticles
- helps strengthen nails
- leaves hands soft and smooth

coconut lime verbena

Net wt. 1.7 oz / 28.2 g

Bath & Body Works BENEFITS

Hand Protection+
ANTI-AGING HAND
with Multivitamin
SPF 15 UVA/UVB

Bath & Body Works BENEFITS

helps boost skin's natural moisture
renewal system
diminishes signs of aging
smoothes and evens skin tone
reveals skin's youthful radiance

vetyver
8 fl oz / 236 mL

Bath & Body Works
Skin Renew
ANTI-AGING
with Multivitamin

Valor único

As sacolas e caixas do estúdio Slover [AND] Company para a principal loja norte-americana do varejista japonês Takashimaya apresentam tampas assimétricas e caixas-estojos deslizáveis que acentuam a marca do varejista. O sutil esquema de cores em creme e dourado confere à embalagem estilo e qualidade, e faz o consumidor sentir que sua compra é especial e valorizada.

NEW YORK

NEW YORK

NEW YORK

sprayology
Cold + Flu
Relief
BATTLES THE
DISCOMFORT OF
COLDS AND FLU
one-month supply
38ml /1.28 oz

Design do bem-estar

Na convergência entre moda e bem-estar está a Sprayology, uma coleção de sprays para remédios orais e vitaminas que promovem uma vida saudável. Os produtos visam a aprimorar "a qualidade e a energia da vida em todas as idades e enfocar a tríade mente, corpo e espírito". Eles também são projetados para atrair todos os sentidos, e a embalagem é igualmente multissensorial, envolvendo tanto a visão como o tato. A linha de produtos é um bom exemplo de embalagem criada para despertar os gatilhos racionais e emocionais de compras dos consumidores.

Turner Duckworth

O Turner Duckworth é incomum por ter dois escritórios: um em Londres, dirigido por Bruce Duckworth, e outro em São Francisco, chefiado por David Turner. Os escritórios em São Francisco e Londres operam como sócios separados, mas com os mesmos poderes. Um resultado dessa estrutura é que o estúdio tem uma lista invejável de clientes abrangendo empresas nos dois lados do Atlântico – clientes como Amazon, Levi's, Mercedes Benz, Palm, Schweppes e Superdrug. O outro é que os dois estúdios permitem-se um pouco de rivalidade amigável, o que mantém uma tensão criativa e orçamentos separados.

Os dois estúdios praticam várias disciplinas de design, e suas embalagens são famosas e conquistaram muitos prêmios, tanto pelo design como pela eficácia comercial. Duckworth e Turner são fortes defensores do design de embalagens. Em um artigo na *Graphis Magazine* (maio/junho de 2001) Turner afirmou: "A razão de grande parte do nosso trabalho ser demonstrada na embalagem é que, se você não fizer a coisa certa, isso se tornará visível, porque se trata de uma expressão muito simples, básica e destilada da marca. Uma embalagem é uma excelente disciplina pelo fato de que ela precisa ter todas os aspectos de inspiração que uma marca deve ter, mas também precisa satisfazer os aspectos práticos e, por fim, tem de destilar tudo instantaneamente. A campanha publicitária pode correr atrás da idéia central, mas, para criar uma embalagem que resuma e expresse a marca, você precisa entender a marca melhor do que qualquer pessoa."

O estúdio Duckworth é relativamente pequeno e os dois sócios permanecem envolvidos com seus clientes e processos de design. Eles têm um processo de trabalho que focaliza as questões, as idéias e a execução criativa. Acima de tudo, os dois estúdios compartilham um elemento comum, a paixão, que é refletida na qualidade do trabalho.

Embalagem com um sorriso
A Amazon tornou-se conhecida no mundo todo como uma loja online que vende livros, mas a verdade é que as mercadorias e os serviços que vende no varejo vão muito além dos livros – na realidade, eles vão de A a Z. O novo logo criado pelo estúdio Turner Duckworth acrescentou um toque pessoal ao negócio adicionando um largo sorriso a uma das suas manifestações mais físicas – sua embalagem. Quando viu a nova identidade, Jeff Bezos, fundador e chefe executivo da Amazon, disse: "Alguém que não gosta disso, não gosta de filhotes de cachorro".

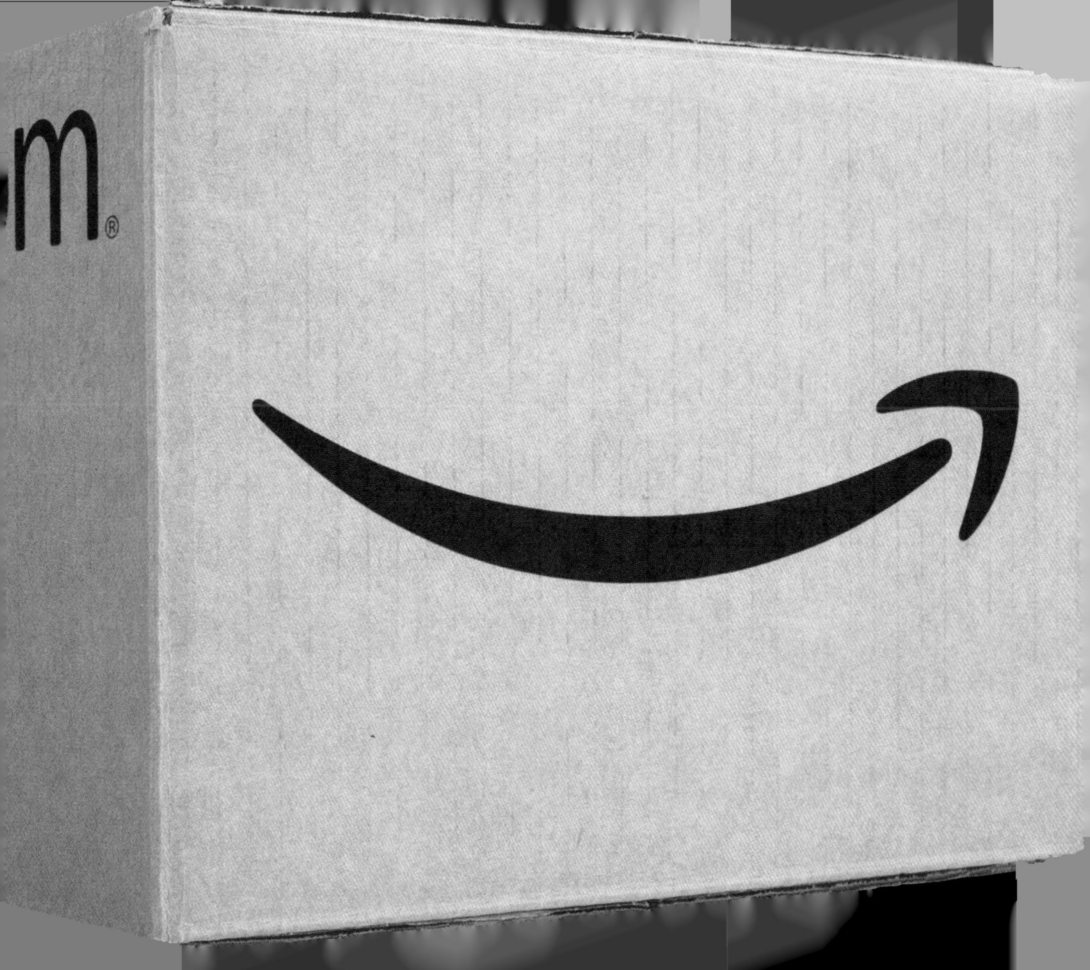

Abaixo: Feito à mão
A embalagem da Belazu foi criada para comunicar o cuidado com o qual todos os produtos são produzidos e identificar a fonte mediterrânea dos gêneros alimentícios. Isso foi alcançado utilizando uma oliveira, cores quentes e ricas e o logo desenhado à mão.

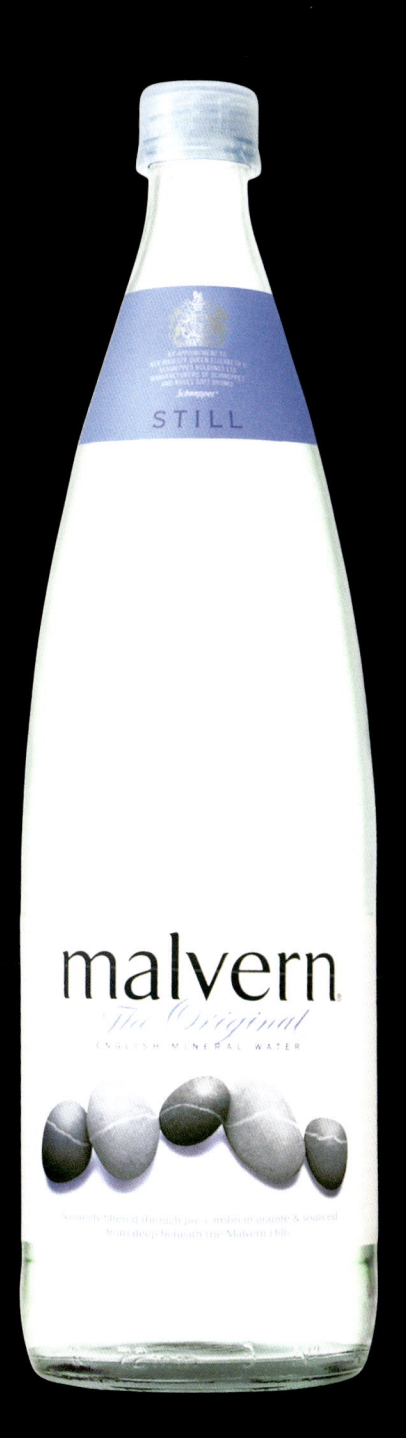

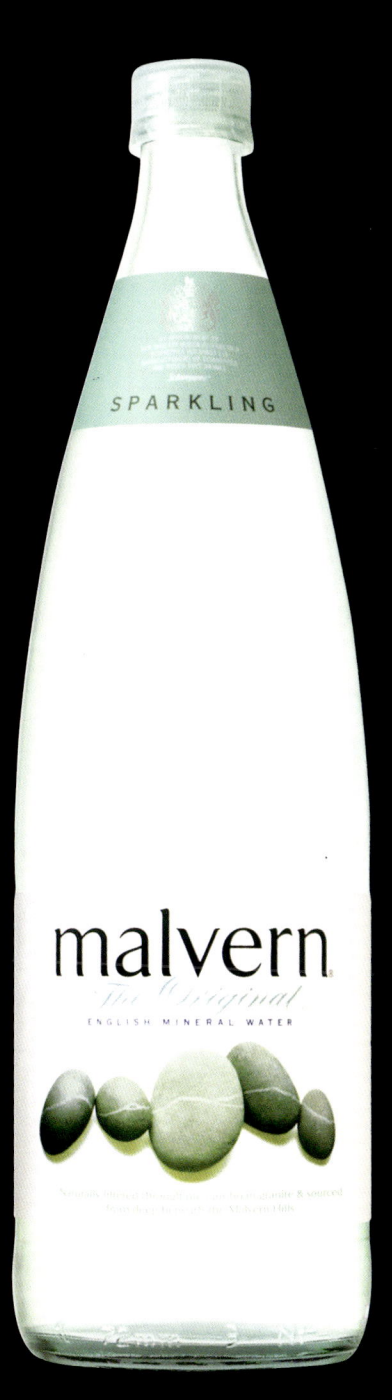

Esquerda: A água da vida
A água mineral Malvern deve seu nome e seu gosto limpo e saudável ao processo de filtração que passa pelo granito pré-cambriano das Malvern Hills, na Inglaterra – daí o uso dos seixos no rótulo. A linha de quartzo ao longo dos seixos indica o perfil das Malvern Hills. A qualidade intrínseca do design não apenas agregou ao produto as mensagens corretas relacionadas à natureza e à pureza, mas também ajudou a estimular seu consumo entre um publico maior do que aquele restrito às salas de conferências e salas de reuniões, tornando-a uma bebida para todas as ocasiões.

Espírito

Os designs do Turner Duckworth para a rede de farmácias Superdrug ilustram a compreensão desse estúdio da marca do varejista, de seus clientes e de seu posicionamento em relação a outras redes britânicas, como a Boots. Cada design tem um frescor essencial e o que se poderia chamar de "espírito", e cada solução tem uma idéia forte incorporada aos elementos gráficos. A linha de produtos para esfoliação combina pedras naturais dispostas na forma de uma pegada na areia para comunicar a ação e os benefícios do produto.

Superdrug mostra a combinação de cores primárias claras, um princípio básico no processo fotográfico. O tema, posicionado nos cantos das embalagens de papel-cartão, é girado para que seja possível diferenciar os filmes 200, 400 e APS.

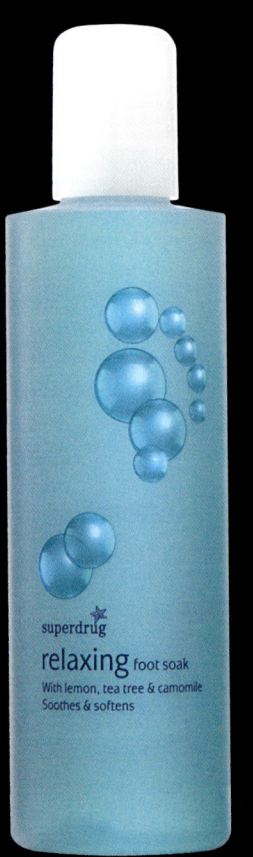

superdrug
ADVANCED PHOTO SYSTEM
ideal all purpose film
APS

25 EXP

superdrug
COLOUR PRINT FILM
for good to fair light and flash

200 36 EXP

superdrug
COLOUR PRINT FILM
for action, low light or flash

400 24 EXP

Direita: Abre-fácil mais fácil
O Canpull é um acessório de cozinha inovador que permite abrir a tampa de alimentos enlatados com o sistema abre-fácil simplesmente enganchando o produto no anel da lata e puxando. É mais fácil e mais seguro do que só puxar o anel com a mão, evitando que a pessoa se corte com a lata ou derrame o produto. A estrutura da embalagem, com o desenho de uma tampa sendo aberta com o Canpull recortada no papelão de suporte, informa claramente o propósito do produto e demonstra seus benefícios funcionais. O projeto é uma ilustração perfeita do efeito que pode ser conquistado quando tanto o design estrutural como os elementos gráficos são integrados para comunicar a proposta do produto.

Esquerda: Forte como aço
Esta cerveja aumentou seu teor alcoólico (8,1%). Reformulada e reposicionada, ela criou uma nova categoria e passou de um mercado inicial na Califórnia de algumas milhares de garrafas e latas por ano para atingir todo o mercado norte-americano. O design da a Steel Reserve um visual de força industrial que reflete o longo processo necessário para produzi-la. Ele também posiciona a marca como uma cerveja voltada para um publico jovem que gosta de beber e fazer festa com os amigos, e não de consumir bebidas alcoólicas na rua, às escondidas, com as latas ou garrafas dentro de um saco de papel.

Direita inferior:
Altamente natural
Natural High e uma linha de cosméticos produzida com o mais alto nivel de ingredientes naturais. O simbolo dessa marca, uma arvore em forma de setas para cima, representa a proposta da Natural High.

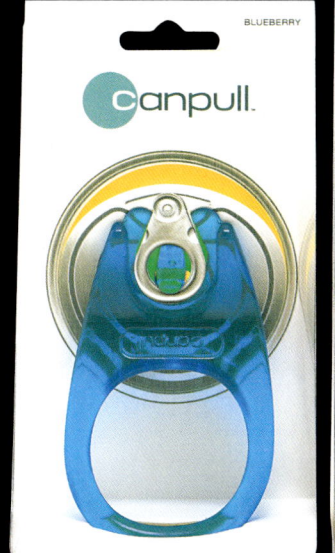

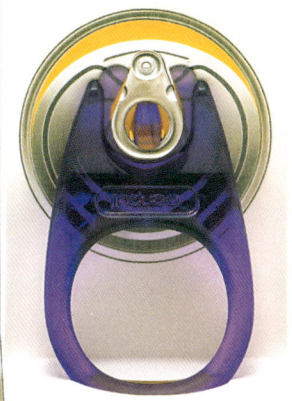

canpull

BLUEBERRY • BLACKCURRANT • CHERRY DROP

Natural high

- London Blossom to restore
  Witch Hazel to tone
  INSTANT RADIANCE BALM
  With optimum levels of active natural extracts

- Witch Hazel to tone
  Ginkgo Biloba to revitalise
  REFRESHING TONER
  With optimum levels of active natural extracts

- Eyebright to calm
  Avocado Oil to soothe
  2 IN 1 CLEANSER / EYE MAKE-UP REMOVER
  With optimum levels of active natural extracts

- Wild Sweet William to cleanse
  Grapefruit to refresh
  FOAMING FACIAL WASH GEL
  With optimum levels of active natural extracts

Os melhores livros

Estas recomendações de livros baseiam-se na minha leitura. A lista certamente não é exaustiva; apenas toquei a superfície em termos de livros que eu poderia, mas nunca tive tempo de ler. Tampouco é uma lista de leitura obrigatória. Cada um deve abordar o design de embalagens a partir de uma perspectiva própria e ler aquilo que achar mais interessante e estimulante. Eu prefiro ler obras que abranjam o maior número possível de áreas para entender tanto a teoria como a prática do design na sua totalidade.

História

Encontrei dois livros interessantes sobre a história da embalagem. O primeiro, *Packaging Source Book, A Visual Guide to a Century of Packaging Design* (1991, Book Sales), foi escrito por Robert Opie. Apresentando exemplos de 1880 até 1989, o livro ilustra o desenvolvimento da embalagem ao longo dos anos e a influência de fatores como arte, estilos e tecnologia.

Para uma perspectiva norte-americana sobre a história da embalagem, *Shelf Space, Modern Package Design 1945-1965*, de Jerry Jankowski (1998, Chronicle Books), é interessante e muito divertido. Dividido em seções como Heat and Serve (Esquente e Sirva), Clean and Shine (Limpe e Lustre), Kids Stuff (Coisas de Criança) e Canned Laughter (Riso Enlatado), o livro apresenta o trabalho a partir da coleção do próprio Jankowski de uma maneira bem-humorada. A obra captura o espírito do período em que a economia dos Estados Unidos estava em rápida expansão.

Teoria

O livro de 1961 de James Pilditch, *The Silent Salesman: How to Develop Packaging that Sells* (1973, Brookfield Publishing Co.), é freqüentemente citado como a obra que mudou a percepção das pessoas sobre o papel da embalagem no mix de marketing. Ele está esgotado, mas talvez possa ser encontrado em sebos.

Marketing Aesthetics: The Strategic Management of Brands, Identity and Image, de Bernd Schmitt e Alex Simonson (1997, Free Press), é bom como uma referência mais ampla para a gestão de marcas, identidade e imagem, e também para o papel da embalagem nesse contexto. O livro foi escrito por dois acadêmicos que dão aulas de design em escolas de negócios e tem um escopo amplo, abordando assuntos como corporações e expressão de marca, estilos, temas, espaços e ambientes no setor varejista.

Gostei de ler *Cross-Cultural Design: Communicating in the Global Marketplace*, de Steiner e Ken Haas (1995, Thames and Hudson), porque fornece uma perspectiva interessante sobre como os diferentes designers lidaram com projetos fora dos seus ambientes culturais. Steiner é o chefe da Steiner and Co em Hong Kong e fornece uma perspectiva própria sobre a questão do design multicultural. Uma boa porcentagem dos projetos mostrados não está relacionada a embalagens, mas ele ilustra a necessidade de adotar "uma mentalidade local".

The Invisible Grail: In Search of True Language of Brands, de John Simmon (2003, Texere), será especialmente interessante para aqueles que, como eu, pensam que a linguagem é importante no design de embalagens. Gostei particularmente dos exemplos que ele cita – como Innocent, Lushe e Guinness –, pois exemplificam substancialmente o papel que a linguagem desempenha.

Nenhum designer de embalagens pode ignorar o contexto do varejo em seu trabalho, e *New Retail*, de Rasshied Din (2000, Conran), é uma discussão estimulante sobre o mundo do varejo moderno a partir da perspectiva de um designer que está nesse mercado. Repleto de exemplos do mundo todo, o livro cobre uma grande variedade de temas tão diversos como marketing de nicho, psicologia do consumidor e padrões de circulação dos clientes.

Branding

Lembro quando *Total Branding by Design: Using design to Create Distinctive Brand Identities*, de Paul Southgate (1994, Kogan Page), foi publicado, visto que despertou bastante interesse no Reino Unido. Trata-se de uma discussão estimulante sobre a necessidade de dar um papel mais importante à embalagem a partir do ponto de vista de um profissional experiente. Sua defesa do design de embalagens, e a importante função deste no mix de marketing, foi demonstrada de modo convincente.

O livro *No Logo*, de Naomi Klein (2001, Paidos Ibenica), causou grande polêmica quando publicado, e tem seus defensores e seus críticos. Pessoalmente, achei o livro desafiador e uma alternativa a simplesmente aceitar que marcas e branding são universalmente bons.

Li *Emotional Branding: How Successful Brands Gain the Irrational Edge*, de Daryl Travis (2000, Prima), e *Unique Now... or Never: The Brand is the Company Driver in the New Value Economy*, de Jesper Kunde (2002, Prentice Hall), para conseguir entender melhor como as marcas funcionam, como competem e como podem ser criadas. O design de embalagens e o branding estão intrinsecamente ligados. Hoje, poucos designers recebem um briefing em que aspectos do branding não sejam mencionados, e os clientes esperam que os designers sejam capazes de entendê-los e diferenciá-los.

Inspiração

Há diversos livros sobre embalagens que ilustram o trabalho da comunidade de design e inspiram novas idéias. *Packaging Design* (1997, RotoVision), de Conway Lloyd Morgan, *Perfect Package - How to Add Value Through Graphic Design* (2003, Rockport), de Catherine Fishel, e *Trade Secrets of Great Packaging Design* (1999, Rockport), de Stafford Cliff, são bons exemplos de obras que mostram como os designers trabalham em projetos individuais e criam soluções únicas.

Livros como *Experimental Packaging* (2001, RotoVision), compilado e editado por Daniel Mason, e *This End Up: Original Approaches to Packaging Design* (2002, RotoVision), de Gavin Ambrose e Paul Harris, se concentram em projetos que ultrapassaram um briefing, explorando novos formatos e abordagens.

Designers

Os livros escritos por designers que julguei especialmente inspiradores são *Smile in the Mind*, de David Stuart, Beryl McAhlone e Edward de Bono (1998, Phaidon), que ilustra "a sagacidade no design gráfico"; *Problem Solved: A Primer for Design and Communication*, de Michael Johnson (2002, Phaidon), que discute como os designers resolvem problemas para os clientes em um amplo espectro de disciplinas de design; *Design, Form and Chaos*, de Paul Rand (1993, Yale University Press), uma discussão valiosa sobre o significado do design; e, por fim, *Art Work*, de David Gentleman (2002, Random House), um *insight* fascinante sobre os processos de pensamento e o trabalho desse designer interessante.

Glossário

Ambiente varejista
Nenhuma embalagem pode funcionar sem um contexto. Ambientes varejistas existem em inúmeros formatos, de lojas de nicho a hipermercados, de lojas-conceito, como a Niketown, a lojas de bairro.

Auto-serviço
Nos anos 60, um norte-americano, James Pilditch, cunhou a expressão "o vendedor silencioso" para descrever o papel da embalagem no "ponto-de-venda". Esse papel é de suma importância hoje. Na grande maioria dos casos, os consumidores selecionam o produto que querem ou precisam sem a intervenção do pessoal da loja. Como resultado, a relevância da embalagem e a ressonância entre os consumidores no ponto-de-venda são extremamente importantes para persuadir os consumidores a comprar um determinado produto ou para ajudá-los a identificar o que precisam.

Briefing
Instrução escrita ou verbal dada a um designer por um cliente. Os melhores briefings informam e inspiram na mesma proporção. Eles também eliminam a subjetividade do processo de design, permitindo que a solução seja avaliada de modo adequado, sem estar sujeita a caprichos pessoais.

Consumidor
De uma forma ou de outra, somos todos consumidores, dado que compramos e utilizamos uma multiplicidade de produtos. Consumidor é um daqueles termos que as pessoas utilizam quando não querem dizer "cliente" ou "comprador".

Diferenciação
Dado que os consumidores atualmente têm inúmeras opções, a embalagem precisa destacar-se para que possa ser notada. Ela também precisa comunicar uma diferença que possa ser prontamente entendida e apreciada pelos consumidores. A diferenciação é um dos "cálices sagrados" dos proprietários de marca, e o design de embalagens é uma das "ferramentas" utilizadas para atingir isso.

Eficácia do design
O bom design de embalagens visa a alcançar alguns objetivos comerciais — aumentar o volume de vendas, aumentar a participação da marca no mercado, reduzir os custos e aumentar os lucros — utilizando aferidores, por exemplo, materiais e dados de vendas, e economias no custo de produção — para quantificar a eficácia de um design de embalagem. Em outras palavras, objetiva provar a eficácia e o sucesso do design de embalagens.

Elementos gráficos
Um modo relativamente simplista de descrever elementos como tipografia, imagens e cores que são aplicados à embalagem estrutural.

Embalagem estrutural
Termo utilizado para descrever formatos tridimensionais das embalagens em todas as suas diferentes aparências externas: embalagens de papel-cartão, garrafas, potes, bisnagas, embalagem tipo skin e blister etc. Uma das razões de esse termo ter evoluído é que o design estrutural é normalmente criado por designers especializados com formação em diferentes capacitações relacionadas a elementos gráficos.

Marca própria

Esse termo é normalmente utilizado para descrever produtos vendidos pelos varejistas sob nome da sua própria marca. Nos últimos anos, marcas próprias perderam algumas das suas conotações negativas à medida que os varejistas acordaram para o fato de que eles próprios são marcas fortes que podem ser exploradas. Felizmente, isso também fez com que os varejistas identificassem seus próprios valores e suas características específicas, e procurassem trabalhar com um design de embalagens diferenciado e único que refletisse esses valores e características, em vez de simplesmente criar designs que imitam marcas proprietárias.

Marca proprietária

Em contraposição à marca própria, marca proprietária refere-se às marcas únicas pertencentes a multinacionais como Procter & Gamble ou a empresas menores que têm como base um determinado país. Marcas proprietárias são a base do "mundo das marcas" em que vivemos, e cada uma é guardada com zelo por seu proprietário.

"Participação no coração" e "participação na mente"

A maioria das pessoas conhece o termo "conquistar os corações e as mentes das pessoas" em um contexto político. No mundo das marcas, os termos "participação no coração" e "participação na mente" descrevem o que precisa ser feito para fixar as marcas nas mentes e nos corações das pessoas. Só por meio disso é possível ganhar fidelidade e estimular compras repetidas.

Proposta de venda única (PVU) e proposta de venda emocional (PVE)

Antigamente, o principal objetivo dos profissionais de marketing era descobrir características ou benefícios únicos de um produto e utilizar isso para promover o produto. Essas características ou benefícios tornaram-se conhecidos como a proposta de venda única (PVU) de um produto. Isso era bom quando as opções de um produto eram limitadas e os produtos tinham um PVU claramente diferenciado; mas maiores escolhas e uma redução nas diferenças discerníveis entre produtos significam que pode ser muito difícil identificar um PVU. Em resposta, os proprietários de marcas hoje buscam a proposta de venda emocional (PVE) de um produto, fator que oferece um escopo mais amplo à diferenciação de produto. Esse PVE está mais relacionado à criação de uma resposta emocional a uma marca.

Reciclável e reciclado

É impossível resumir a questão ambiental em algumas linhas, mas no design de embalagens há duas considerações primárias. A embalagem "reciclável" pode ser triada depois do seu uso e suas partes constituintes podem ser reutilizadas na produção de novos suportes para embalagens. "Reciclado" refere-se à embalagem que contém suportes com uma porcentagem de materiais anteriormente utilizados.

Índice

acabamentos 112-15, 154-7
ambiente varejista 30-1, 252-3
ambiente, venda por atacado 30-1, 252-3
amigável ao usuário 36-7
anatomia 14, 68-9
Andersen, Arthur 61
anúncios não-autorizados em locais públicos 16
Arnell Group 162-9
auto-serviço 40-1, 134, 252
auto-serviço assistido 40-1

Baker, Malcolm 22-3
Berger, John 38
Berry, Norman 68
bisnagas 80-3
bisnagas metálicas 80
branding 118-21, 251
branding total 120
briefings 68, 252
British Brands Group 32, 66
Byars, Mel 116

categorias 50-2
category equities ("linguagem visual da categoria") 54
CDs 100-3, 154
códigos de barra 158-9
compartilhamento 26
comportamento 8, 40, 54-7
comportamento de setor 54-7
considerações 14-15
considerações ambientais 62-5, 150, 252
consumidores 252
copyright 66
cor 146-9
corporativas 118
cultura 24-5
Curiosity 106-7, 160, 170-7

Denny, Martyn 28
densidade das mensagens visuais 38
design estrutural 68, 70-1

design holístico 130-3
designs copiados 32, 54
destacar 48
diferenciação 7, 42, 46-9, 54-7, 120
diferenciação de produto 7, 42, 46-9, 54-7, 134
dinâmica da embalagem 42-3
direitos de propriedade intelectual 66
Doyle Partners 101, 178-85
DPP, ver Lucratividade Direta de Produto
DRD, latas produzidas a partir de processos sucessivos de estampagem de uma peça circular do material metálico 84-7
Duffy Worldwide 21, 72-3, 110, 150-1, 188-93
DWI, latas compostas de duas partes separadas produzidas a partir de estampagem e estiramento do corpo 84-7

efeitos e acabamentos 154-7
eficiência em termos de custos 16-18
ego 116
elementos gráficos 68, 116-17, 118-21, 253
embalagem estrutural 26, 54, 148, 253
embalagens blister 96-9
embalagens clamshell 96-9
embalagens de papel-cartão 10, 70, 72-5
embalagens para presente 104-7
embalagens tipo skin 96-9
escolha 30, 46-9
espírito da época 10
estilo de vida 8
excelência 116
experiências 30, 126
extensão 19

fatores sócio-demográficos 58
folha-de-flandres 84
Food and Drug Administration 66
formato de estojo 100
formatos inovadores 108-11
fotografia 136-41

garrafas/ frascos 76-9
Gentleman, David 68, 251
gerentes de marca 70
global 20-5, 118, 150
glossário 252-3

Haas, Ken 250
hierarquia 52, 126-9
Hofstadter, Douglas R. 68

ícones 64, 150-3
identidade 118-21
identificadores 118
ilustração 142-5
impacto na prateleira 48
Impressão tipográfica de offset a seco 80
indicadores de sucesso 26-9
indicadores de vendas 26
informações 41, 53, 126-9, 130-3, 134
informações sistemáticas 41
Institute of Packaging 76
Internet 16, 30
itens únicos 50
Ive, Jonathan 56, 107-8

Jankowski, Jerry 10, 250

Klein, Naomi 20, 251
Kunde, Jesper 38, 48, 58, 251

Lafley, A.G. 136
latas 84-7
latas de aço 84
latas extrusadas 86
layout de informações 126-9
legislação 62, 66-7, 158
Lewis Moberly 24-5, 75, 96-7, 126-7, 146, 194-201

linguagem 134-5
linhas de produtos 50-3, 148
Lippa Pearce 41, 52-3, 58-9, 103, 202-9
livros de designers 251
livros importantes 251
livros sobre história 250
livros sobre teoria 250-1
local *versus* global 20-5
logomarcas super 22-3
Lucratividade Direta por Produto (DPP) 26

manifestação 7, 44-5
marcas corporativas 118
marcas de prestígio 22
marcas globais 20-5, 118, 150
marcas heróis 118
marcas próprias 30, 32-7, 252
marcas proprietárias 30, 32-7, 252
marcas superiores 22
marcas tribais 22
marketing de nicho 60-1
marketing viral 16
materiais 112-15
Medicines and Healthcare Products Regulatory Agency 66
medindo o sucesso 26-9
mensagens 38, 126-7
métodos de impressão, bisnagas 80
"me-toos" ("eu-tambéns") 32, 54
Michael Nash Associates 210-17
mix 6-7, 15, 16-19
multi-packs 92-5

nicho 60-1
Nordström, Kjell 46

obsessão 116
Opie, Robert 6-7, 10, 250
orçamentos 16-18

papel da embalagem 6-9
papel-cartão 72-4
papel-cartão de suporte 96-8

Pentagram 36-7, 56, 100, 112, 218-25
perspectiva histórica 10-13
pesos e medidas 66, 158-9
pesquisar 40
Peters, Michael 150
PVE, *ver* proposta de venda emocional
Pilditch, James 7, 250, 253
plásticos 62-4, 76, 80
Pontos-de-Venda Eletrônicos (PDVEs), dados 26
portfólios 161-242
posição do produto na loja 18
posicionamento 18, 58-61, 124
potes 76-9, 88-91
power brands (marcas fortes) 34
presença 50-3
produtos únicos 50-3
proposta de venda emocional (PVE) 48, 134, 253
proposta de venda única (PVU) 48, 134, 253
própria 30, 32-7, 252
proprietária 30, 32-7, 252
proteção 66-7, 152

Rand, Paul 38, 128, 251
reciclagem 62-4, 118-19, 150, 252
recomendações bibliográficas 250-1
reconhecimento 52, 118
relevância 60-1
remédios de venda livre 40
repertório dos concorrentes 54
reposicionamento 26-8
restrições 68, 80-3
Ridderstråle, Jonas 46
rótulo próprio 34
rótulo traseiro 130-3,134

Schmitt, Bernd 23, 38, 250

Shiseido 10, 160, 226-33
símbolos 150-3
Simmons, John 68, 250
Simonson, Alex 23, 38, 250
sinais característicos de um setor 54
Slover [AND] Company 32-3, 234-41
sócio-demografia 58
Southgate, Paul 6, 54, 120, 138, 251
Steiner, Henry 24, 250
Sterenberg, Greet 22-3
subjetividade 68
sustentabilidade 62

tarefas e objetivos 70
tecnólogos de embalagem 70
termoplásticos 76
Therapeutic Goods Administration 66
tipografia 122-5, 253
tom visual 112
tubos 88-91
Turner Duckworth 55, 88-9, 118-19, 160, 242-9

valores 44-5
valores das marcas 44-5
varejo eletrônico 30
velocidade da seleção 30, 38-9, 40

Créditos

Agradeço a minha coordenadora Leonie Taylor na RotoVision. Estou certo de que em algum momento ela pensou que eu nunca terminaria o livro. Apesar disso, ela foi bastante paciente e encorajou-me quando eu mais precisei.

Agradeço aos meus parceiros Harry Pearce e Domenic Lippa pelo apoio quando disse que queria escrever o livro e pela paciência quando eu trabalhava até altas horas.

Obrigado, Richard Wilson, por criar o design do livro, por dar vida às minhas palavras e por me aturar sempre que eu tinha uma nova idéia de projeto para apresentar — mesmo em cima do prazo final.

Agradeço a Joseph Milner por produzir a arte e classificar todas as imagens em um período de tempo incrivelmente curto – e com estoicismo.

Agradeço a Abigail Silvestre, sem a qual esta obra definitivamente não teria sido concluída. Sem seu entusiasmo e ajuda constantes eu não teria sido capaz de identificar e localizar algumas das pessoas apresentadas neste livro. A pesquisa feita por ela e sua tenacidade asseguraram que o livro contivesse exemplos de projetos de todo o mundo.

Agradeço a todos os estúdios de design por permitir que seus trabalhos fossem publicados; e também à Benefit, a Charles Worthington, à Clarks, à Escada, à Garnier, a Jean Paul Gaultier, à Natural Products Ltd, a Umberto Giannini e à Zirh por permitirem incluir suas embalagens, e à Waitrose por deixar que eu fotografasse sua loja em Kingston.

Agradeço também ao Corporate Art Museum da Shiseido por fornecer as transparências do seu trabalho. Meu obrigado à família Lippa pelo uso de sua coleção de maços de cigarro.

Agradeço a Quentin Newark, do Atelier Works, que escreveu o primeiro livro da série, *O que é design gráfico?*. Essa obra foi uma referência enquanto eu escrevia, e funcionou como uma fonte de inspiração e de estímulo.

Por último, e definitivamente não menos importante, agradeço com muito amor à minha esposa Jo e meus filhos Rory e Jake por suportarem um marido e um pai distraído e às vezes ausente durante vários meses.